DAS KLEINE PARADIES

DAS KLEINE PARADIES

Graham Rose

55 Ideen für kleine Gärten und Gartenecken

Kosmos · Gesellschaft der Naturfreunde · Franckh'sche Verlagshandlung · Stuttgart

Aus dem Englischen übersetzt von Dr. Bruno P. Kremer
Fachliche Beratung: Werner Dittrich.
Titel der Originalausgabe "The Small Garden Planner", erschienen bei Mitchell Beazley, London 1987 unter der ISBN 0-85533-669-2

Mit 204 Farbfotos und 62 Farbillustrationen
von Pam Williams

Umschlaggestaltung Kaselow Design, München, unter Verwendung eines Farbfotos von Ianthe Ruthven

CIP-Titelaufnahme der Deutschen Bibliothek

Rose, Graham:
Das kleine Paradies : 55 Ideen für kleine Gärten u. Gartenecken / Graham Rose. [Aus d. Engl. übers. von Bruno P. Kremer. Mit 204 Farbfotos u. 62 Farbill. von Pam Williams]. – Stuttgart : Franckh, 1988
Einheitssacht.: The small garden planner <dt.>
ISBN 3-440-05932-4

Franckh'sche Verlagshandlung, W. Keller & Co.,
Stuttgart/1988

Printed in Italy / Imprimé en Italie
LH 14 ry/ISBN 3-440-05932-4
Satz: Satz Müller, Heilbronn
Druck und Buchbinder: L. E. G. O., Vicenza

DAS KLEINE PARADIES

DEN GARTEN RICHTIG PLANEN
Tips und Erfahrungen zur Planung eines kleinen Gartens – wie man die Pflanzen auswählt, dekoratives Beiwerk zusammenstellt und Atmosphäre, Abgeschlossenheit und Ausdruck schafft

Grundideen entwickeln 8
Umgrenzungen 9
Wege und Wegbefestigungen 11
Kies 12
Holz 12
Rasen 12
Wasser 13
Pergolen und Spaliere 13
Raumillusionen 14
Gartenkunst 14
Dachgärten 14
Nützliche Zutaten 15
Sitzgelegenheiten 16
Beleuchtung 16
Bepflanzung 16
Erdarbeiten 17
Drainage 18
Zur Abrundung 18

DEKORATIVE STEINE
Ein Blick in acht Gärten mit gelungener Verbindung von harten Baumaterialien und weicher Bepflanzung

Ein japanischer Garten 28
Ein Baum steht im Mittelpunkt 32
Rustikales Rot 34
Pflanzen zwischen Steinen 36
Umgeben von Mauerwerk 38
Spalierkunst 40
Ein Quadrat im Quadrat 42
Kreisformen 44

LANDLEBEN IN DER STADT
Acht Gartenbeispiele zeigen, wie man auch in städtischer Umgebung ländliche Atmosphäre schaffen und schöne Ruheinseln gestalten kann

Täuschmanöver 46
Eine Waldlichtung 50
Ein Hinterhausgarten 52
Ein Garten passend zum Haus 54
Rund um einen Apfelbaum 56
Die Schönheit der Hortensie 58
Wildnis zwischen Haus und Straße 60
Farbtupfer 62

WASSER IM GARTEN
Zehn gelungene Beispiele zeigen, wie stehendes und bewegtes Wasser selbst auf kleinster Grundfläche gestalterisch zu bewältigen ist

Gartenteich geometrisch 64
Der Gartenkanal 68
Kreisrunde Gartenbecken 70
Wasser, Stein und Holz 72
Quadratische Teiche 74
Ein schmaler Gartenteich 76

Das Schwimmbecken 80
Symmetrie und Illusion 82
Wassermusik 84
Verschiedene Ebenen 86

STUFEN UND TREPPEN

Neun kleine Gärten wurden durch verschiedene Stufen und Flächen gegliedert, wodurch überraschende Kleinlandschaften von eigenartiger Faszination entstehen

Garten mit Aussicht 88
Mit Quadraten gestalten 92
Romantische Sitzplätze 94
Spalierverstecke 96
Licht am Ende des Tunnels 98
Farbkaskaden 100
Grün und Silber 102
Auf und ab 104
Rasche Resultate 106

VERTRÄUMTE INNENHÖFE

Sieben Beispiele stilvoller Gestaltung zum Thema ‚Grüner Wohnraum' am oder im Haus

Ausblicke 108
Bezaubernder Patio 112
Moderne Eleganz 114
Garten mit Fenster 116
Exotische Miniaturen 118
Draußen vor der Tür 120
Erinnerung an Spanien 122

DER REINE STIL

Sieben höchst individuell gestaltete kleine Gärten mit einer ungewöhnlichen Wirkung von klarem Design und ausgesuchter Bepflanzung

Fernöstliche Eindrücke 124
Theaterkulisse 128
Kontrollierte Wildnis 130
Schönheit des Details 134
Blick in die Vergangenheit 136
Rund ums Achteck 138
Diagonalen bringen Bewegung 142

IN LUFTIGER HÖHE

Sechs Beispiele von Terrassen, Dach- und Balkongärten zeigen, wie man selbst bei kleinsten Raumvorgaben in ungewöhnlicher Umgebung grüne Inseln schaffen kann

Ein etwas anderes Landhaus 146
Harmonie von Hell und Dunkel 150
Liebenswerter Holzbalkon 152
Der Garten auf dem Dach 154
Wasser in luftiger Höhe 156
In der Weinlaube 158

WEITERE PFLANZENVORSCHLÄGE 160
REGISTER 166
BILDNACHWEIS 168

DEN GARTEN RICHTIG PLANEN

Wieviel einfacher wäre doch die Planung eines kleineren Gartens, wenn wir bereits ein genaueres Abbild der Zukunft hätten und mehr über die Gesamtwirkung wüßten, bevor ein Beet angelegt oder ein Strauch gepflanzt wurde. Ohne eine gewisse Vorstellungskraft ist eigentlich überhaupt kein Garten zu planen. Die Gestaltung eines kleineren Gartens ist jedoch ungleich schwieriger als die Verplanung großer Flächen, weil sich im kleinmaßstäblichen Bereich eventuelle Fehler um so stärker bemerkbar machen. Schließlich soll der Garten ja eine harmonische, in sich stimmige Welt im Kleinen werden.

Aber es geht natürlich auch ohne die Begabung zur Hellseherei. Am besten schaut man sich zuvor einmal eine Reihe anderer Gärten an, um von ihnen zu lernen. Kleinere Gärten sind heute fast die Norm. Viele befinden sich jedoch im rückwärtigen Bereich der Häuser und sind deswegen nicht ohne weiteres zugänglich. Daher möchte dieses Buch praktische Hilfe anbieten. Es stellt eine Vielzahl ansprechend gestalteter, gelungener Gärten vor – Gärten der verschiedensten Stilrichtungen mit Pflanzvorschlägen und Ideen, die man leicht in die Praxis umsetzen kann.

Die Ansprüche an einen Garten und die Vorstellung von seinem Aussehen sind erfahrungsgemäß höchst unterschiedlich. Vielleicht bewohnen Sie ein modernes Haus und wünschen sich dazu einen offenen, pflegeleichten, aber ornamental wirkenden Garten. Oder Sie möchten statt dessen einen dichten Dschungel aus Bäumen, Sträuchern, Blumen und Bodendeckern gestalten – wenn Sie auch gleichzeitig nicht den dafür nötigen Pflegeaufwand scheuen.

Bei fast allen Gärten geht es jedoch heute darum, durch geschickte Gestaltung ein Gefühl der Abgeschlossenheit, der Ruhe, ja der Intimität zu vermitteln. Und außerdem soll die Pflanzung beim Blick vom Haus in den Garten und umgekehrt das Auge erfreuen. In diesem Einführungsteil des Buches wollen wir die wichtigsten Gestaltungsgrundsätze besprechen, mit denen diese Ziele – unabhängig vom gewünschten Gartenstil – zu erreichen sind.

Die ersten Überlegungen müssen dem Maßstab gelten. Wie klein und beschränkt das verfügbare Fleckchen auch sein mag – es muß grenzenlos erscheinen, wenn wir uns darin aufhalten und die Augen gehen lassen. Diese gewisse Selbsttäuschung gelingt jedoch nicht, wenn die Wuchshöhen der verwendeten Pflanzen oder die übrigen gestalterischen Elemente des Gartens nicht in Beziehung gebracht werden zur Grundfläche und zu seiner Umrahmung. Hauswände, die höher aufragen, als der Garten breit ist, erlauben den Eindruck der Abgeschlossenheit nur, wenn man auch gleichzeitig einen nicht immer schönen Korridoreffekt in Kauf nimmt.

Vielleicht haben Sie ein Haus bezogen, zu dem bereits ein nicht allzu gefälliger Garten gehört. Selbst mit einem solchen Garten sollte man sich zunächst einmal eine Zeitlang anfreunden, bevor man alles umpflügt und neu pflanzt. Mitunter lassen sich nämlich die vorhandenen Stauden und Gehölze (zumindest teilweise) geschickt in den neuen Gartenplan übernehmen. Ungeduld mag allzu verständlich sein. Widerstehen Sie aber auf jeden Fall der Versuchung, die Pflanzflächen zunächst einmal mit Mengen irgendwelcher Billigware vollzustellen und erst viel später an eine planerische Gestaltung zu gehen. Gerade kleinere Gärten haben wegen der überschaubaren Flächenverhältnisse den großen Vorteil, daß man nicht allzu viele teure oder anspruchsvolle Pflanzen braucht. So kann man getrost von billigen Ersatzlösungen absehen. Kleinere Gärten können daher durchaus eine Qualität zum Ausdruck bringen, die vielen großen Anlagen völlig fehlt.

Eine Haustür erfordert besondere Aufmerksamkeit und sollte daher zum Blickfang werden. Bei diesem kleinen Vorgarten ergänzen sich ein Goldregen und eine gelbe Parkrose auf der einen und eine Kletterrose auf der anderen Seite. Sie überragt geschmackvoll bepflanzte Blumenkästen auf dem Boden.

GRUNDIDEEN ENTWICKELN

Gartengestaltung und Gartenarbeit vermitteln ohne Zweifel ein besonderes Gefühl von Freude und Freiheit. Ohne feste Planung wird aus dem Garten jedoch eher ein unkontrollierbares Chaos als ein idyllischer Dschungel. Gerade die gelungensten und so gar nicht formalistisch wirkenden Gärten sind immer das Ergebnis sorgfältiger Vorplanung. Und da kommt es eben auch auf die Plazierung von Schneeglöckchen, Zwergnarzissen oder anderen Zutaten an. Die beste Hilfe bei der Gartenplanung ist ein genauer Grundriß des betreffenden Grundstücks. In diesen Grundplan werden zunächst einmal die Begrenzungen (Zäune, Mauern etc.) und alle anderen vorhandenen Elemente eingetragen, die vielleicht bleiben sollen, etwa Gartenpforten, Terrassenstufen, Hauptwege u. a. Dann vermerken wir im Plan alle vorhandenen Gehölze und die Standorte der größeren Stauden – wobei jeweils die Umrisse der Pflanzgruppen festgehalten werden. Selbst wenn Bäume, Sträucher oder Stauden, die Sie in Ihrem neuen Garten vorfinden, Ihre Neuplanung zunächst stören, kann man sie durch stärkeren Rückschnitt oder Teilung durchaus integrieren.

Was vorgefunden wird, bildet den Grundplan. Alle weiteren planerischen Überlegungen werden auf Transparentpapier skizziert, das man über den Grundplan legt. Auf diese Weise kann man leicht eine größere Anzahl von Gestaltungsmöglichkeiten durchspielen und ihre Wirkung auf die Gesamtdisposition bedenken, ohne die Grundskizze jedesmal neu ausführen zu müssen.

Bei der weiteren Planung werden nun die etwas dauerhafteren Einrichtungen und Gestaltungselemente wie Stufen, Wege, Sitzgruppen, Wasser, Spaliere etc. zuerst berücksichtigt. Dann erst erscheinen die leichter verschiebbaren Bestandteile wie Pflanztröge, Holz- oder Steinpfosten, Kletterhilfen u. a. auf der Planskizze. Es dauert mit Sicherheit eine Weile, bis man auf dem Papier die ideale Stelle für diese gestalterischen Elemente herausgefunden hat.

Bei der Planung der Wege sollte man besondere Vorsicht walten lassen. Die Erfahrung zeigt, daß früher oder später im Gelände immer die kürzeste Entfernung zwischen zwei Anlaufpunkten gewählt wird. Wenn die Wege im späteren Garten so pfeilgerade nicht verlaufen sollen, muß sich die Wegeführung an bestimmte feststehende Bestandteile wie Mauern, Pflanzbeete, Geländestufen anlehnen. Allzu üppig bemessene Wege gehen auf kleineren Grundstücken immer zuungunsten der verbleibenden Pflanzflächen. Im allgemeinen reicht es völlig aus, wenn die Gartenwege etwa 40 cm breit sind. Allzu dogmatisch sollte man andererseits in diesem Punkt auch nicht sein. Viele Gartenbeispiele, die in diesem Buch vorgestellt werden, zeigen, daß man mit beachtlichem Erfolg auch einmal von festen Regeln abweichen kann.

Auf dem Gartenplan erscheinen die Gartenwege zunächst vielleicht etwas aufdringlich oder gewaltsam. In der Praxis stellen sie sich dagegen völlig anders dar. Normalerweise drängt die Randbepflanzung immer auf die Pfade und sorgt so für weichere Linien. Auf der anderen Seite lassen sich natürlich auch die Zwischenräume von Pflaster- oder Begrenzungssteinen sehr effektvoll begrünen. Der Weg wird dadurch lebendiger und interessanter.

UMGRENZUNGEN

Hauswände, Mauern, Zäune und andere Umgrenzungen fallen bei kleineren Gärten naturgemäß stärker ins Gewicht und müssen bei der Planung entsprechend berücksichtigt werden. Eine geschickte Gartenplanung wird sie sogar in das Gesamtkonzept aktiv einbeziehen. Im Idealfall entsteht dabei der Eindruck, das Haus sei lediglich als dekorativer Abschluß des Gartens gebaut worden. Gebäude und Bepflanzung verschmelzen optisch miteinander zu einer wirkungsvollen Einheit. Das Haus wird zum festen Bestandteil des Gartens. Umgekehrt kann auch das Haus in einigen stilistischen Merkmalen (Fenster, Eingänge, Treppenanlagen) auf den Garten bezogen werden.

Wenn das Mauerwerk der Hausfassade aus Ziegel oder Naturstein besteht, wird man sie durch Bepflanzungen nicht völlig verstellen. Auch bei Fachwerk oder vergleichbarem Fassadenmaterial sollten immer größere Partien als Blickfang frei bleiben. Bewuchs kann jedoch in den meisten Fällen vorhandene Kontraste mildern oder ausgleichen. Langweilige, gleichförmig erscheinende Fassaden werden umgekehrt durch geeignete Bepflanzung außerordentlich belebt. Zum Glück gibt es eine ganze Reihe von Kletterpflanzen, etwa die Waldrebe (Clematis montana) oder eine kleinblättrige Form der Jungfernrebe (Parthenocissus tricuspidata 'Veitchii'), die

Oben: Steinmauern bilden auch für kleine Pflanzen eine wirkungsvolle Kulisse.

Unten: Verschiedene, farblich abgestimmte Blumentöpfe verdecken unschöne Bauteile.

auch an halbschattigen Hauswänden noch gedeihen. Kletterhortensien (Hydrangea petiolaris) oder der gelbe Winter-Jasmin (Jasminum nudiflorum) eignen sich dagegen eher für Fassaden, die nach Osten exponiert sind. Die ungemein eindrucksvolle Trompetenblume (Campsis radicans) oder eine Akebia (Akebia quinata) gedeihen nur an sehr warmen Südwänden.

Weniger attraktive Gartenmauern kann man vollständig hinter einem grünen Vorhang verschwinden lassen. Eine gute Wahl wären beispielsweise der Kletterspindelstrauch (Euonymus fortunei und seine Formen), Efeu (Hedera helix, mehrere Zierformen) oder auch verschiedene Zwergmispeln (Cotoneaster horizontalis und Formen). Oft wird durch eine solche Bepflanzung jedoch die schäbige Fassade lediglich durch eine grüne Mauer ersetzt, während die harten Konturen bleiben. Besser erscheint es daher, die Linien und Begrenzungen optisch aufzulösen, indem zusätzlich einige freistehende Sträucher oder Bäume vor die begrünte Mauer gestellt werden. Durch deren Astwerk erscheint der Mauerbewuchs eher wie der verlockende grüne Schatten eines endlosen Dickichts. Gut geeignet für solche Zwecke sind Scheinbuchen (Nothofagus antarctica), Turners-Eiche (Quercus x turneri 'Pseudoturneri'), eine halbimmergrüne Eiche, die auch strengere Winter übersteht, Zypresse (Cupressus arizonica 'Fastigiata'), Mähnen-Fichte (Picea breweriana) oder Eibe (Taxus baccata) in besonders lockerwüchsigen Formen wie z. B. 'Dovastoniana' u. a.

Der Wunsch, eine häßliche Fassade zu verdekken, besteht fast immer bei Sichtbeton, einfachem Klinker oder anderem unschönem Verkleidungsmaterial, das zu sehr in den Blick tritt. Natursteine, Ziegelmauerwerk oder vergleichbares Baumaterial kann zusammen mit dem Bewuchs ausgesprochen dekorativ wirken. Bereiche mit architektonisch schönen Details auch außerhalb der Tür- und Fensteröffnungen sollten daher freigehalten werden. Dies gilt natürlich auch für Einrichtungen wie Wasserbecken, Kamine, Vorsprünge oder Nischen. Eine baulich ansprechende Mauer mit ausgesuchtem Blumen- oder Blattschmuck ist zwar sichtlich eine etwas betonte Gartengrenze, aber mit ihrer stimmungsvollen Ruhe auch ein vollwertiger Ersatz für weitschweifende Blicke.

Gartenmauern können auf der anderen Seite auch extrem nützlich sein, wenn es etwa darum geht, unschöne Bestandteile der weiteren Umgebung zu verdecken. Nichts ist der Idylle eines anheimelnden Hausgartens abträglicher als der Blick auf die häßliche Rückseite des Nachbarhauses oder das Kunststoff-Garagendach von nebenan. In mehr ländlichen Wohngebieten kann eine Gartenmauer unter Umständen hochwillkommenen Schutz für klimatisch anspruchsvollere Pflanzen bieten. In einer stärker offenen Wohnsituation, wie sie an den Stadträndern oder in Dörfern gegeben ist, schafft eine Grenzmauer zusätzlich ein Gefühl der Abschirmung und der Geborgenheit.

Um die Sicht auf unerwünschte Objekte der Umgebung zu nehmen, genügt oft eine geringfügige Aufstockung der Mauer, bevor zusätzlich mit Bepflanzung gearbeitet wird. Bei kleinen Gärten ist hier jedoch Vorsicht geboten, damit sie letztlich nicht noch enger und eingeklemmter wirken. Manchmal hilft auch schon eine hölzerne Kletterhilfe für die Pflanzen, etwa ein Stangengerüst, das die Mauer etwas überragt. Wuchsfreudige Kletterpflanzen wie Geißblatt-Arten (z. B. Lonicera japonica, L. x heckrottii, L. x tellmaniana, L. x brownii u. a.) oder die einjährige Glockenrebe (Cobaea scandens) werden solche Probleme rasch beheben. Alternativ kann der störende Blick aus oder in die Nachbarschaft auch mit einem großen Strauch oder einem kleinen Baum verstellt werden. Gärtnerisch sind hier verschiedene attraktive Lösungen denkbar.

Die Umgebung eines Gartens ist aber oft auch sehr abwechslungsreich und interessant. Bevor man rigoros zupflanzt, sollte man die Landschaft oder die benachbarten Wohngebäude einmal genauer studieren. Mitunter empfiehlt es sich nämlich durchaus, ein paar grüne Fenster zu lassen oder zu schaffen, durch die der Blick in die freie Landschaft gehen kann. Vorhandene Gehölze können für diesen Zweck entsprechend geschnitten werden. Eventuell lohnt es sich sogar, einen Teil der Mauer eigens zu erniedrigen oder gar zu öffnen.

Im gut geplanten Garten können Mauern sogar die zu knapp bemessene Grundfläche um zusätzlichen Pflanzraum bereichern. Von Kletterpflanzen einmal abgesehen, die eine Mauer als Stütze und Wuchsunterlage benötigen, können sehr dekorati-

Oben: Spaliere können weiß gestrichen werden. Natürliche Holzfarben lassen die Pflanzen jedoch besser zur Wirkung kommen.

Unten: Verschiedene Gartenteile können auch durch offenes Gitterwerk abgetrennt, aber dennoch untereinander verbunden werden.

Oben: Die Verwendung verschiedener Pflaster – Klinker und Naturstein – bringt Abwechslung in die Bodengestaltung.

Unten: Holzpfade oder -stege sind meist recht teuer. Sie entfalten jedoch eine besonders sympathische Wirkung.

ve Pflanzen auch auf den Mauerkronen verwendet werden oder in eigens geschaffenen Mauernischen. Besonders auf niedrigen Garten- und Hausmauern kann man bunt bestückte Pflanzschalen und -tröge unterbringen.

Aufgehendes Mauerwerk über 1 m Höhe benötigt in jedem Fall ein solides Fundament aus Beton, am besten um 10 cm dick und etwa 40 cm breit. Unterhalb dieser Höhe wäre eine Trockenmauer aus lose aufgeschichteten bzw. mit Erde verfugten Steinen eine gute Alternative.

Anstelle von Mauerwerk können auch Hecken dem Garten Intimität und Abgeschiedenheit verleihen, obwohl sie Geräusche nicht so wirksam abschirmen. Die beste Lösung bietet immer eine Mischhecke aus immergrünen und laubwerfenden Gehölzen, wobei durchaus Nadel- und Laubgehölze im Wechsel gepflanzt werden können. Feuerdorn, Kirschlorbeer, Weißdorn, Eibe, Weißbuche, Rotbuche oder Schlehe können in fast jedem Klima verwendet werden, wobei man einheimischen Gehölzen durchaus den Vorzug geben sollte.

Alle diese Gehölze vertragen den Schnitt recht gut und reagieren auf diese regelmäßige Behandlung mit dichtem Wuchs. So können keine häßlichen Löcher im Heckenschluß entstehen. Heckengehölze pflanzt man am besten in zwei Zeilen, die voneinander etwa 45 cm Abstand haben. Innerhalb jeder Zeile werden die Sträucher mit 90 cm Abstand (alternierend zur zweiten Zeile) gepflanzt.

WEGE UND WEGBEFESTIGUNGEN

Damit nicht unnötig Schmutz ins Haus getragen wird, sollte auch im kleinen Garten eine trockene Terrasse zwischen dem Gartenweg und dem Hauseingang eingeschaltet werden. Eine solche Terrasse kann darüberhinaus die Nutzungsqualität des Gartens erheblich verbessern. Schon eine Fläche von etwa 6 m^2 bietet genügend Platz für einen Tisch und acht Stühle. Eine zusätzliche Fläche von etwa 4–5 m^2 kann bereits mit einem Gartengrill und seinem Zubehör bestückt werden. Eine unregelmäßige Begrenzung der Terrasse ist zweifellos viel interessanter als eine starre Rechteckform, wobei die Formgebung jedoch nicht übertrieben wirken darf. Die künftige Funktion der Terrasse sollte schon während der Planung sehr sorgfältig bedacht werden, denn davon hängen Größe und Ausrichtung ab.

Alle Materialien, die im Boden- oder Wegebereich verwendet werden sollen, müssen natürlich mit der übrigen Umgebung harmonieren. Die Probleme sind ganz ähnlich wie bei der Bepflanzung und Gestaltung von Mauerwerk. Kleine Freiflächen auf dem Boden, die nicht vom Bewuchs überdeckt werden, haben einen enormen Einfluß auf die Gesamtwirkung des Gartens.

Deckendes Material für Wege, Stellflächen, Terrassen o. ä. muß auf das umgebende Mauerwerk abgestimmt sein und sollte nach Möglichkeit gleichzeitig ausgesucht werden. Pflaster ist fast immer eine sehr teure Wahl. Man sollte daher zunächst mit einer Materialprobe mehrere Möglichkeiten durchprobieren, ehe die Entscheidung fällt. Farbe und Textur müssen passen. Das Pflaster sollte auch nicht gewichtiger ausfallen als die verwendeten Steine in der Garten- oder Hausmauer.

Vor allem sollte auch der Einfluß des Wetters auf das Material bedacht werden. Bei Nässe sehen manche Steinpflaster ziemlich trostlos aus, und selbst im hellen Sonnenschein wirken sie schmutzig und langweilig. Dagegen gibt es Kiese und Schotter, die bei Trockenheit hell und selbst nach Regen noch warmrot wirken. Jedes Pflaster leidet natürlich unter Frost ebenso wie unter sengender Sonne. In jedem Fall muß das verwendete Material auf einen gut vorbereiteten Untergrund verlegt werden. Größere Steinplatten kann man auf verdichtetem Erdboden in ein Sandbett legen. Kleinere Einheiten wie Klinker oder Ziegel benötigen eine feste Rollkiesschicht oder sogar ein leichtes Betonfundament, damit sie sich nicht ständig verlagern.

Helles, dekoratives Deckmaterial sollte auch mit Rücksicht auf den jahreszeitlichen Ablauf ausgewählt werden. Während des Sommers mag es vielleicht hervorragend in den Gesamtplan des Gartens passen. Wenn die laubwerfenden Gehölze jedoch ihr Blattwerk abgelegt haben und die übrigen Pflanzen eingezogen haben, wird es vielleicht zu dominant. Eine einfache Regel hilft bereits in der Planungsphase derartige Wirkungen zu vermeiden: Aufwendiges Pflaster oder andere Abdeckungen sollten immer auf ein Minimum beschränkt werden oder nur kleine Flächen überspannen. In einem gut

Oben: Kissenförmig wachsende Pflanzen im Bodenpflaster sind ein sehr wirkungsvolles Gestaltungsmittel.

Unten: „Ziegelinseln" können die Monotonie größerer Kiesflächen auflockern. Holzblöcke runden das Bild ab.

geplanten kleinen Garten wirkt das Pflasterwerk der Wege oder der Terrasse immer relativ neutral und tritt gegenüber den pflanzendominierten Flächen deutlich zurück. Man erreicht dies unter anderem schon allein dadurch, daß keine quadratmetergroßen Platten, sondern wesentlich kleiner bemessene Einheiten (etwa von Ziegelgröße) verwendet werden. Die Mühe lohnt sich, denn die Wirkung ist gefälliger.

KIES

Es gibt eine Vielzahl wundervollen Gesteins, das zu Kies oder Schotter verarbeitet wird. In allen Korngrößen, Formen und Farben ist solches Material am Markt. Über wasserdurchlässigem Untergrund neigt eine Kiesschicht ebensowenig zur Staunässe wie ein festes Pflaster, und bei warmem Wetter trocknet sie ebenso rasch ab. Wegen der stärkeren Lichtbrechung wirkt eine Kiesschicht in den meisten Fällen weicher als Hartstein. Auch lassen sich damit geschwungene Formen viel leichter gestalten als mit hartkantigem Pflaster. Kies kann man im Notfall ohne Vorbehandlung des Untergrundes aufstreuen. Man riskiert dann allerdings, daß die Steinfragmente bei feuchtem Wetter nach und nach in den Untergrund getreten werden. Vielbegangene Wege sollte man daher mit einem Unterbau aus gröberem Material versehen. Damit der Kies dort bleibt, wo er soll, nämlich auf Wegen, in Patios oder auf Terrassen, wird er durch Kanten aus Holz oder Stein von anderen Flächen ferngehalten.

HOLZ

Massives Holz besitzt schon von Natur aus eine hervorragende Qualität, die sich überdies mit allen übrigen gestalterischen Elementen des kleineren Gartens bestens verträgt. Holz ist vor allem dann das Material der Wahl, wenn bereits am Haus mit hölzernen Konstruktionselementen sehr betont gearbeitet wurde. Hier kann sich beispielsweise eine leicht erhöhte, holzgezimmerte Terrasse sehr wirkungsvoll anschließen.

Stammscheiben können auf der anderen Seite sehr geschickt als Treppenstufen verwendet werden. Im Rasen oder innerhalb von Pflanzflächen bilden sie bevorzugte Trittstellen. Holz, das im Garten als Baumaterial verwendet wird, sollte gegen Schädlingsbefall gesichert sein. Im Fachhandel ist entsprechend vorbehandeltes Material erhältlich.

Neuerdings wird (anstelle des bisher üblichen Torfs) zunehmend auch gemahlene oder geschrotete Baumrinde zum Abdecken der Beete verwendet. Rindenschrot ist aber auch in gewissem Umfang für die Wege verwendbar. Dabei ist allerdings zu bedenken, daß eine Rindenschicht auf dem Weg ebenso die Feuchtigkeit hält wie auf dem Beet. Wo Rinde auf den Beeten als Bodendeckmaterial gegen unerwünschten Unkrautwuchs aufgestreut wird, müssen die jährlichen Stickstoffdüngungen etwas reichlicher ausfallen. Die Pilze und Bakterien, die die Rinde allmählich zu Humus umbauen, haben einen entsprechenden Nährstoffbedarf.

RASEN

Botanisch gesehen ist es natürlich viel interessanter, auch eine kleine Fläche mit bunten Blumen und anderen abwechslungsreichen Pflanzen zu bestükken, als sie unbedingt in einen Rasen umzuwandeln. Andererseits ist ein Rasenstück im kleinen Garten die mit Abstand strapazierteste Fläche. Ständiges Begehen verdichtet den Boden und erzeugt mit der Zeit einen ziemlichen Flickenteppich, der vom smaragdgrünen Samtteppich auf der Samen- oder Düngertüte erheblich abweicht. Um im kleinen Garten einen beruhigenden, ebenmäßigen Kontrast zur eher unruhigen Erscheinung der Strauchgehölze und anderen Pflanzen zu schaffen, sollte man keinen konventionellen Rasen anlegen, sondern Rasenstücke in erhöhte Pflanztröge bringen – sozusagen Minirasen, der nicht mehr unbedingt betreten werden kann. Die Pflanztröge werden aus Ziegel oder Bruchstein aufgemauert (etwa 45 cm hoch, um 2 m lang und 60 cm breit). Dieser gemauerte Steintrog wird zuerst mit einer 25 cm hohen Kiesschicht gefüllt, die ihrerseits mit guter Pflanzerde überschichtet wird. Die oberste Lage sollte etwas lehmig sein. Nun kann Zierrasen ausgesät werden. Alternativ kann man auch Stücke von Fertigrasen verwenden.

Je nach Vorliebe und verfügbarem Raum lassen sich im kleinen Garten mehrere solcher erhöhten Mini-Rasen unterbringen. Sie können ein ausgesprochen dekorativ wirkendes Element abgeben, vor allem, wenn die Wände der Steintröge mit kleineren Kletterpflanzen bewachsen sind. Natürlich kann man solche Tröge auch mit anderen Pflanzen bestücken, etwa mit verschiedenen Heidekraut-Arten oder mit Thymian. Gerade die polsterförmig wachsenden Thymian-Arten (Thymus serpyllum und Sorten) blühen und duften während des ganzen Sommers. Kleinblättrige Pflanzen wie Günsel (Ajuga reptans), Immergrün (Vinca minor) oder Stachelnüßchen (Acaena-Arten) sind auf Bodenhöhe eine durchaus bedenkenswerte Alternative zu herkömmlichem Rasen.

WASSER

Mit seiner reflektierenden Oberfläche, die die Farben und Formen des Himmels einfängt, bringt das Wasser aufregend interessante Seherlebnisse in den Garten. Das Geplätscher eines kleinen Brunnens oder das Rauschen einer künstlichen Kaskade sind – obwohl Geräusche – durchaus beruhigende Elemente von geradezu therapeutischer Bedeutung. Ein Kleingewässer im Garten ermöglicht zudem die Kultur interessanter Pflanzen, die sonst nicht möglich wäre. Die Schönheit einer Seerose mit ihren auf dem Wasserspiegel schaukelnden Blättern wird so leicht von keiner Landpflanze übertroffen.

Die magische Wirkung von Wasser hat durchaus auch ihren Platz im kleinen Garten. Es genügt vollauf, einen Miniteich anzulegen. Selbst wenn er nur so groß sein kann wie ein Waschbecken, ist er ohne weiteres zu einem spannenden Kleinbiotop zu entwickeln. Für die Anlage eines solchen Gewässers bieten sich mehrere Möglichkeiten an. Man kann beispielsweise eine fertig vorgeformte Plastikwanne eingraben oder auch ein entsprechend zugeschnittenes Stück Teichfolie verwenden. Die Ränder können mit einer kleinen Mauer umgeben werden (was sehr streng und ornamental wirkt) oder einen Wall von Feldsteinen erhalten, zwischen denen Pflanzenwuchs möglich ist. Wichtig ist, daß die Wasserfläche immer gut zugänglich ist, denn sie erfordert in regelmäßigen Abständen gewisse Pflege- und Säuberungsarbeiten. Gerade bei sehr kleinen Teichen besteht die Gefahr der Algenblüte und des ökologischen Umkippens, wenn abgestorbenes Pflanzenmaterial nicht immer wieder entfernt wird.

Die reflektierende Wasserfläche ist ein hervorragendes Gestaltungsmittel. Mit Hilfe solcher Spiegeleffekte kann man einen kleinen Garten sogar sehr wirksam optisch vergrößern. Dazu reicht schon ein schmaler, etwa 50 cm breiter und beliebig langer Kanal. Selbst wenn er nur 15–20 cm tief ist, bietet er außerdem für viele interessante Pflanzen genügend Wurzelraum. Wasserpflanzen sind aus vielerlei Gründen immer besonders attraktiv.

Ein solcher Kanal könnte eventuell auch zwei getrennte kleine Teiche miteinander verbinden und, wenn ein kleines Wehr eingebaut ist, sogar auf verschiedenen Geländeniveaus angelegt werden. Pflanzflächen für die Landpflanzen könnte man etwa auf die Randstreifen entlang von Gartenmauern beschränken oder auf kleine Trockeninseln zwischen Gartenteichen und Verbindungskanälen. Die Wege werden in solchen Fällen über große Trittsteine im Wasser oder über Holzstege geführt.

Rauschende Wasserfälle wirken in einem kleinen Garten mit Sicherheit übertrieben. Das sanfte Plätschern eines Beckens, die Geräusche eines Riesel- oder Springbrunnens passen sich dem Stil eines solchen Gartens schon viel eher an.

PERGOLEN UND SPALIERE

Ebenso wie man bei der Grünplanung eines kleinen Gartens die Bepflanzung von Wänden und Mauern zu bedenken hat, kann man auch nach weiteren Möglichkeiten suchen, gleichsam die dritte Dimension für Pflanzenwuchs und Dekoration vorzusehen. Spaliere oder auch Pergolen, die tunnelförmig aufgestellt werden und die allseits als Kletterhilfen für dekorative Pflanzen dienen, vergrößern den kleinen Garten, obwohl sie eigentlich eine Menge Stellraum erfordern: Sie schaffen jedoch ungewohnte Strukturen, die nicht leicht beim ersten Blick zu überschauen sind. Das Auge verliert sich im Grün. Mit mehreren, auf Lücke gestellten Spalieren sind ähnliche Effekte zu erzielen wie mit einer gewinkelten Pergola.

Wenn eine Pergola von Kletterpflanzen rundum bewachsen ist und sogar ein grünes Blätterdach trägt, kann der Weg vom einen in den anderen Gartenteil überraschende Eindrücke und Erfahrungen bieten. Eine Pergola schafft Abwechslung. Das Licht fällt andersartig ein, der Duft ist verschieden, und

Oben: Seerosen gedeihen auch in sehr kleinen Gartenteichen. Eine Fülle von Züchtungen in allen Farben ist verfügbar.

Unten: Die horizontale Begrenzung eines Teichs wird durch hochwüchsige Teichpflanzen überbrückt und ausgeglichen.

auch die Geräusche von draußen hören sich anders an. Mit einer Pergola läßt sich beispielsweise der Gegensatz zwischen Hausterrasse und offenem Garten sehr gut überbrücken.

Die dritte Dimension kann man in einem Garten aber auch dadurch nutzen und erobern, indem man einfache Holzpfosten überall dort verwendet, wo der Boden bereits dicht bewachsen ist. Kletterpflanzen wie Clematis oder Geißblatt (Lonicera) kommen selbst mit einer einfachen Stütze mit einer rauhen Oberfläche aus. Anfangs sehen solche einzelnen Hölzer vielleicht etwas nackt und armselig aus. Aber nach kurzer Zeit haben sie sich mit dichtem Blattwerk begrünt.

Solche Pfosten benötigen ebenso wie die senkrechten Balken einer Pergola oder die Stützen für Spaliere eine sichere Verankerung im Boden. Vorteilhaft ist die Verwendung von Metallankern in einem Betonklotz, wie sie auch bei Zäunen genommen werden. Sie sorgen für genügend Abstand zwischen Boden und Holz und verhindern dadurch Pilzbefall und Fäulnis. Senkrecht stehende Holzteile lassen sich natürlich mit Dübeln oder Ankern auch an vorhandenem Mauerwerk befestigen. Eine Pergola kann man mit einigem handwerklichem Geschick aus Kanthölzern (etwa 5 × 5 bis 10 × 10 cm) selbst zimmern. Auch die Konstruktion eines Spaliers aus Holzlatten (etwa 2,5 × 2 cm) stellt keine allzu großen Anforderungen. Zusätzliche Kletterhilfen für die Pflanzen wären auch Maschendraht, einfacher Draht oder Schnur.

RAUMILLUSIONEN

So wie eine Pergola unsere Wahrnehmung beeinträchtigt und einen Garten unübersichtlich erscheinen läßt, können auch noch andere gestalterische Maßnahmen das Auge täuschen. Eine einfache Möglichkeit, den kleinen Garten größer erscheinen zu lassen, besteht darin, ihn zu stufen: Verschiedene Ebenen, untereinander durch Stufen verbunden, bieten vielerlei Überraschungen und zudem auch noch Gelegenheit, andersartige Pflanzgruppen unterzubringen. Die erforderlichen Oberflächenveränderungen sollten sehr gründlich erwogen und auf dem Gartenplan festgehalten werden.

Eine andere, vielleicht etwas spielerische Möglichkeit ist der Trick mit der falschen Perspektive oder gar die Verwendung von Spiegeln. In einem sehr kleinen Garten fiel mir einmal ein kleiner Wasserlauf auf, der von einem Gartenteich durch eine Maueröffnung nach draußen führte, sich dort zwischen Blumen schlängelte und in einem weiteren Teich endete. Tatsächlich war die Maueröffnung lediglich eine kleine Nische, in der ein Spiegel für die perfekte Illusion sorgte, der Garten sei über sein Gewässer mit der Außenwelt verbunden. Ein ganz ähnliches Beispiel wird auf den Seiten 82 und 83 vorgestellt.

Schließlich könnte man vor einer tieferen Mauernische am Ende eines kleinen Gartens ein schmiedeeisernes Gitter oder Tor anbringen. Zwischen Mauer und Gitter muß so viel Raum bleiben, daß üppiger Pflanzenwuchs möglich ist. Auf diese Weise entsteht bei Betrachtung aus einiger Entfernung tatsächlich der Eindruck, aus dem Garten führe ein Torweg in einen zweiten, anschließenden Gartenteil. Auch hier könnte mit einem großen Spiegel die Illusion sogar noch gesteigert werden.

GARTENKUNST

Stil und Maßstab sind wohl die wichtigsten Kriterien, wenn es um die Auswahl von kunstvollen Pflanzgefäßen, Brunnenschalen oder Skulpturen für den kleinen Garten geht. Solche ornamentalen Zutaten und Schmuckstücke sind aber nur dann eine wirkliche Gartenzierde, wenn Qualität vor Quantität geht und die Sache nicht in Prahlerei ausartet. Im Schloßpark von Versailles oder Charlottenburg mögen majestätische Pflanzurnen vielleicht ganz passend erscheinen. In einem durchschnittlichen Vorstadtgarten wirken solche Dekorationsstücke eher lächerlich.

Wenn repräsentative Pflanzgefäße verwendet werden sollen, reichen einige gute Stücke von eher bescheidenem Design normalerweise völlig aus. Vor allem müssen sie in Größe und Stil zu den übrigen Elementen des Gartens passen. Steingefäße oder Reproduktionen von Pflanzschalen des achtzehnten Jahrhunderts sind nur dann zu empfehlen, wenn im Garten bereits Steine für Mauern oder Bodenbelag verwendet wurden. Terracotta-Gefäße wirken selten störend, sofern sie nur vor einer üppigen grünen Kulisse plaziert werden.

Um Platz zu sparen, sollte man vielleicht nur kleine, an der Hauswand oder an einer Mauer befestigte Brunnen auswählen. Bei einem freistehenden Springbrunnen, der ausgesprochen dekorativ und als Blickfang wirken kann, ist die Wahl meist nicht leicht zu treffen.

Besonders schmal und riskant ist die Gratwanderung zwischen Gartenkunst und Gartenkitsch bei der Auswahl von Gartenskulpturen. Vielleicht sollte man doch besser nicht auf Darstellungen aus der klassischen Mythologie verfallen, aber letztlich ist eine Holznymphe oder ein Terracottahirte immer noch besser als eine Gartenversion von Michelangelos David. Ausnahmen bestätigen allerdings auch in diesem Fall die empfohlene Regel. Der Neptungarten auf dieser Seite (rechts oben) zeigt, wie effektvoll mitunter auch goldene Regeln zu durchbrechen sind.

DACHGÄRTEN

Sogar die einfachsten Dachgärten sind normalerweise ein voller Erfolg wegen ihrer ungewöhnlichen und zugegebenermaßen kuriosen Erscheinung. Solche auf den Dächern der Häuser sind eine ganz hervorragende Lösung inmitten der Stadt, wo sich andere Pflanzflächen einfach nicht anbieten.

Dachgärten lassen sich am einfachsten dann verwirklichen, wenn sie schon von vorneherein als fester Bestandteil eines neuen Hauses eingeplant werden. Besondere Konstruktionsmerkmale sind allerdings nur dann zu berücksichtigen, wenn besonders schwergewichtige Elemente, etwa Hochbeete oder Teiche, untergebracht werden sollen.

Wenn Zweifel bezüglich der statischen Eigenschaften einer Dachkonstruktion bestehen, sollten schwerere Pflanzgefäße nur über tragenden Wänden oder Mauern aufgestellt werden. Wenn keine großen Flachdachflächen oder vergleichbare Stellmöglichkeiten zur Verfügung stehen, die schwere Packungen nasser Erde tragen können, genügt auch die Verwendung von kleineren Pflanzen in leichten Pflanzgefäßen.

Der Boden von Dachgärten sieht oft ziemlich langweilig und gleichförmig aus. Mit Holz, Stein oder anderem Material ist hier leicht Abhilfe durch optische Auflockerung zu schaffen.

Wenn ein Dachgarten erst einmal gut eingerichtet ist, unterscheidet er sich fast nicht mehr von einem 'bodenständigen' Kleingarten. Dachgärten sind dem Wetter oft jedoch stärker ausgesetzt. Daher sind vielleicht noch besondere Schutzeinrichtungen vorzusehen, besonders gegen den Wind. Trennwände leisten gute Abhilfe, vorausgesetzt sie sind selbst genügend stabil gegen Windschäden.

Dachgärten sind windoffene Standorte, und so kann die Wasserverdunstung leicht zum Problem werden. Die Pflanzen in luftiger Höhe müssen daher häufiger gegossen werden. Erschwerend kommt meist noch hinzu, daß die Pflanzerde im Dachgarten naturgemäß viel flachgründiger ist als im ebenerdigen Garten, wo meist noch Grundwasserkontakt gegeben ist.

NÜTZLICHE ZUTATEN

Gartenschuppen oder auch Gewächshäuser beanspruchen in einem Kleingarten unverhältnismäßig viel Platz, einmal ganz abgesehen davon, daß sie immer sehr auffällig wirken. Ein hölzerner Geräteschuppen zerschlägt förmlich die bezaubernde Wirkung, die auch von einer klein bemessenen Gartenfläche ausgehen kann. Eine praktische Alternative zu einem Holzschuppen ist eine Gerätekiste aus Holz, die gleichzeitig auch als Sitzmöbel dienen kann. Außerdem könnte man an geeigneter Stelle auch an der Hauswand eine kleine schrankartige Holzkonstruktion anbringen, in der die wichtigsten Gartengeräte verstaut werden können.

Ein Kleingewächshaus ist in vieler Hinsicht enorm praktisch und für sehr begeisterte Gärtner nahezu unverzichtbar. Weniger störend wirkt es, wenn es nicht frei im Garten aufgestellt wird, sondern bereits als integraler Bestandteil des Wohnhauses geplant wird und auch vom Hausinneren zu begehen ist. Eine bedenkenswerte Lösung sind auch vorragende Erkerfenster, die man nach geringfügigem Umbau als Kleingewächshaus nutzen kann, ohne daß Gartenfläche geopfert wird. Diese Lösungen oder auch ein eckständiges Glashaus an der Hauswand wirken sich bei guter Einbindung nicht allzu störend aus.

Oben: Pflanzgefäße sollten immer von ausgesuchter Qualität ohne übertriebenes Design und von passender Größe sein. Terracotta-Gefäße sind nicht immer frostfest.

Unten: Steintröge können mit kleinen Pflanzen stimmungsvoll gestaltet werden. In diesem Fall wurde das steinerne Pflanzgefäß auf gerundete Ziegel gestellt.

Oben: Entgegen üblicher Regeln wirkt die große Neptunsfigur in diesem kleinen Garten großartig. Eine geschickte Bepflanzung trägt zu diesem Eindruck bei.

Mitte: Einfache Kontraste zwischen Formen und Farben können erfolgreich gestalten.

Unten: Skulpturen sind als Blickfang sehr wirksam. Die Grenze zum Kitsch ist nicht einfach zu beschreiben.

Sitzgelegenheiten sehen entweder gut aus oder sind einladend und gemütlich. Diese beiden Korbsessel fügen sich dem kleinen Patio harmonisch ein.

SITZGELEGENHEITEN

Bei der Planung der Sitzgelegenheiten in einem kleineren Garten kommt eine Menge Psychologie ins Spiel, die die Anzahl der Möglichkeiten spürbar einschränkt. Nur wenige Menschen fühlen sich wohl, wenn sie ohne Rückendeckung frei im offenen Gelände sitzen. Feste Sitzgelegenheiten sollten sich daher an eine Mauer, an einen Zaun oder an eine höherwüchsige Pflanzgruppe anlehnen. Und weil eine Sitzgelegenheit den Gartenbesucher tatsächlich zum Verweilen und Niedersitzen einladen soll, muß sie mindestens zwei Personen Platz bieten. Dazu ist auf der anderen Seite schon ein ziemlich großes Objekt erforderlich, das im Spätherbst nach dem Laubfall um so eher und auffälliger in den Blick tritt. Daher sollte man bei festinstallierten Bänken oder ähnlichem nur Modelle mit wenig betonten Linien und in unauffälligen Holzfarben wählen. Kleinere Gartenmöbel aus Holz verbleiben während der kalten Jahreszeit ohnehin nicht draußen.

Sitzgelegenheiten kann man aber auch als Bestandteil niedriger Gartenmauern planen. Einfache Lösungen sind auch in dieser Hinsicht oft die besten: Holzbalken oder größere Steinblöcke als Sitzflächen, eine Mauer oder Wand als Rückenlehne – eine Umgebung, die auch noch zusätzlich durch Grün eingebunden und gestaltet werden kann. Alle Sitzgelegenheiten sollten immer so ausgerichtet sein, daß sie einen möglichst guten Blick in die übrige Kleinlandschaft des Gartens ermöglichen. Tragbare Gartenstühle oder -bänke sollten nicht aus Kunststoff gefertigt sein. Sie bringen eine wenig wünschenswerte Fremdwirkung mit sich. Dies gilt auch für Sitzunterlagen, die bei feuchter Witterung ohnehin ins Haus genommen werden. Viele Kleingärtner halten einen Gartengrill für eine unverzichtbare Einrichtung. An warmen Sommerabenden ist eine Grillparty mit Gästen oder im Familienkreis tatsächlich ein besonderes Erlebnis. Entsprechend kann man an der Hauswand einen offenen Kamin oder an geeigneter Stelle in der Gartenmauer auch eine Grillstelle aus Klinker oder Bruchstein einplanen. Wenn nur gelegentlich im Garten gegrillt werden soll, ist ein tragbarer oder fahrbarer Grill einer festinstallierten Lösung sicher vorzuziehen. Ebenso sollte aus räumlichen und auch aus optischen Gründen auf fest eingebaute Stein- oder Holztische verzichtet werden. Unter den marktgängigen Gartenmöbeln finden sich mit Gewißheit auch solche Modelle, die den Gesamtstil eines schönen Gartens nicht beeinträchtigen und zudem bei schlechtem Wetter weggestellt werden können.

BELEUCHTUNG

Der Charme eines in der Dunkelheit beleuchteten Gartens kann durch eine Flutlichtanlage vollends zerstört werden. Eine Erfolgsregel für eine angenehm wirkende Gartenbeleuchtung empfiehlt nicht zu grelles Weißlicht aus Beleuchtungskörpern, die immer vom Haus weg auf die Pflanzbeete und auf die Gartenwege weisen. Die Aufstellung der Lampen und ihre Verkabelung muß sehr sorgsam geplant und möglichst auch vor der Bepflanzung abgeschlossen sein. Andererseits kann man besondere Gartenlampen mit oberirdischer Verkabelung auch fallweise oder im Wechsel aufstellen, um besonders attraktive Pflanzen bei Gartenfesten oder ähnlichen Gelegenheiten anzuleuchten. Im Fachhandel werden dazu die verschiedensten Modelle zum Einstecken in Beete oder zum Anbringen in größeren Gehölzen angeboten.

BEPFLANZUNG

Für einen kleinen Hausgarten empfiehlt sich am ehesten eine bunte Mischung aus kleinen Bäumen, Sträuchern und Stauden oder Kräutern. Eine solche abwechslungsreiche Bepflanzung ist weitaus attraktiver als das klassische, streng geometrische Pflanzbeet mit seinem enormen Platzbedarf. Die bewährten Pflanzregeln gelten jedoch auch für eine bunte Mischbepflanzung: Größere Pflanzen stehen immer hinter kleineren. Sonnenhungrige Arten erhalten einen gut durchlichteten, offenen Platz, während die schattenverträglichen Formen eher unter dem Laubdach von Gehölzen oder anderen größeren Pflanzen plaziert werden.

Für die Gartenmauern sind breitblättrige, immergrüne Kletterpflanzen das Material der Wahl. Bei Kletterpflanzen mit geteilten oder schmalen Blättern sollte man solche Arten oder Sorten auswählen, die ein recht dichtes Blattwerk entwickeln. Verwenden Sie nur Formen mit einheitlich mittel- bis dunkelgrünen, nicht solche mit buntscheckigen Blättern. Dunkle Wände und Mauern sind nämlich im Effekt weniger auffällig und dominant. Efeu (Hedera helix), Jungfernrebe (Parthenocissus tricuspidata und P. quinquefolia) und verschiedene Clematis-Arten (C. tangutica, C. montana, C. vitalba) sind besonders für hohe Mauern geeignet. Pfeifenwinde (Aristolochia macrophylla) oder Schling-Knöterich (Fallopia aubertii Syn. Polygonum aubertii) stehen ihnen kaum nach. Auch für niedrigere Mauern oder Pergolen kann man diese Arten verwenden neben vielen anderen, die nicht die enorme Wuchshöhe bis über 10 m erreichen. Feuerdorn (Pyracantha coccinea) ist als Kulisse vor niedrigem Mauerwerk ebenfalls ausgesprochen empfehlenswert.

Gehölze mit geteilten, großen, sehr locker wirkenden Blättern eignen sich vorzüglich für die Unterteilung des Kleingartens in verschiedene Abschnitte. Durch diese räumliche Staffelung sieht er letztlich viel geräumiger aus, zumal wenn durch das Blattwerk dieser Gehölze andere Pflanzen oder Pflanzgruppen hindurchschimmern. Geeignet sind die Hängeform unserer Esche (Fraxinus excelsior 'Pendula'), die Hänge-Weide (Salix alba 'Tristis'), der Götterbaum (Ailanthus altissima), der Silber-Ahorn (Acer saccharinum) oder auch der Trauben-Holunder (Sambucus racemosa). Pflanzen mit hellfarbigen oder gescheckten Blättern bilden dazu hübsche Kontraste.

Wie bei allen übrigen gestalterischen Elementen des Kleingartens müssen auch bei der Bepflanzung die Proportionen stimmen. Wenn nur kleine Bäume ausgewählt wurden, sollten sich die Sträucher an diese Vorgabe halten. Alle übrigen Flächen wären in diesem Fall dicht mit kleinwüchsigen Stauden oder Kräutern zu bepflanzen. Bei der Pflanzenwahl für die Randstreifen und Rabatten ist darauf zu achten, daß für jede Jahreszeit etwas dabei ist. In einem kleinen, dicht bepflanzten Garten wird es unvermeidlich immer Konkurrenz um das Licht geben. Daher sollten auf jeden Fall auch Halbschatten- oder Schattenpflanzen zur Auswahl gehören.

In einem dekorativen Kleingarten können sehr wohl auch Obst und Gemüse gedeihen. Himbeeren oder Brombeeren eignen sich besonders zum Verdecken von Zäunen oder Mauern. Stachelbeeren oder Johannisbeeren bilden attraktive Büsche, die zusammen mit Apfel- oder Pflaumenbäumen sehr wirkungsvolle und zudem auch nützliche Gehölzgruppen abgeben. Entsprechend bietet sich auch die Kultur von Salat, Tomaten oder Erdbeeren an. Diese Pflanzen können durchaus in die übrige Bepflanzung eingestreut werden, ohne das Gesamtkonzept völlig zu zerstören. Lediglich geschlossene Gemüsebeete passen nicht so recht zum Schmuckgarten. Eine Mischpflanzung von Nutzpflanzen und Blumen kann dagegen sehr reizvoll aussehen.

ERDARBEITEN

Wenn es um einen Zeitplan für die komplette Neugestaltung eines kleineren Hausgartens geht, sollte man im Rahmen eines Dreijahresplanes denken und arbeiten. Am Beginn stehen umfassendere Erdarbeiten, die Drainage und die Bodenaufbereitung. Auch die Anlage von Wegen, Stufen, Terrassen, Mauern, Pergolen etc. gehört in diese Arbeitsphase. Im Herbst des ersten Jahres sollten die Bäume und die Kletterpflanzen am Fuß von Mauern oder Pfosten gepflanzt werden. Ihnen folgen im zweiten Jahr die meisten vorgesehenen Sträucher. In dieser Phase werden auch die Pflanzstreifen und Rabatten hergerichtet. Bis zum Frühjahr des dritten Jahres sind auch alle frühblühenden Zwiebel- und Knollenpflanzen sowie die sommer- und herbstblühenden Stauden an Ort und Stelle. Während des Sommers werden nach Bedarf die einjährigen Blüher zur Abrundung des Pflanzprogramms eingebracht. Außerdem können im Frühjahr oder Herbst einige der größeren, mehrjährigen Pflanzen an bessere Wuchsstellen verpflanzt oder andere notwendige Korrekturen ausgeführt werden. Letztlich ist ein Garten nie völlig fertig, aber die Arbeiten umfassen zunehmend die Bereiche Pflegen und Erhalten als Planen und Entwickeln.

In einem solchen Arbeitsplan sind die Erdarbeiten zweifellos der mühsamste Teil. Je nach Umfang des Vorhabens lohnt es sich, maschinelle Hilfe einzusetzen. Selbst Wege oder Maueröffnungen von nur etwa 1 m Breite sind für moderne Planiergeräte passierbar, und eine solche Maschine schafft an einem Tag mehr Erdbewegung als ein Mensch mit Schaufel und Schubkarre in etlichen Wochen. Ohne maschinelle Hilfe ist z. B. das Ausgraben alter Baumstümpfe nahezu unmöglich. Sie sind auch sehr hilfreich bei der Neumodellierung von künftigen Gartenoberflächen und bei der Anlage von Stufen.

Bedauerlicherweise wird oft auf eine Gartenbeleuchtung verzichtet. Sie bringt andererseits gewisse magische und romantische Elemente in den Garten, wenn sie nicht nur der Sicherheit auf den Wegen dient.

Von besonderer Bedeutung für die Gartenplanung ist natürlich auch die Bodenbeschaffenheit. Kalkmeidende Pflanzen wird man nicht in Kalkböden zum Gedeihen bringen. Andererseits können sehr alte Gartenböden leicht übersäuert sein und eine vorsichtige Aufkalkung durchaus vertragen. Wenn der Boden zu locker oder zu schwer ist, bringt das Einarbeiten von etwas Lehm oder von scharfem Sand wirksame Abhilfe. Auf kleineren Flächen kann man die Erde gegebenenfalls auch völlig austauschen. Wichtig ist auch, daß der Unterboden gut wasserzügig ist und keine Staunässe verursacht.

DRAINAGE

Viele Mißerfolge im eigenen Garten gehen darauf zurück, daß die Böden zur Staunässe neigen. Die meisten Pflanzen schätzen wassergesättigte Böden überhaupt nicht. In solchen Fällen muß mit einer guten Drainage schonend entwässert werden. Bevor man jedoch lange Gräben zieht, sollte man das Versickerungsverhalten des Bodens prüfen. Man gräbt dazu an einer Stelle ein Loch von etwa 75–100 cm Tiefe, vorzugsweise nach einer längeren Regenperiode, und füllt es mit Wasser. Dauert es mehr als 24 Stunden, bis die Füllung völlig versickert ist, wird eine gute Drainage kaum zu umgehen sein. Solche Probleme stellen sich vor allem bei sehr schweren Böden. Oft hilft es auch, an der tiefsten Stelle des Grundstücks ein größeres Loch aufzugraben, es mit Kies zu füllen und mit Gartenerde abzudecken. Ein solches Loch wirkt wie ein natürlicher Abfluß.

Bei häufiger und nachhaltiger Staunässe sollten Drainagerohre aus Ton oder Kunststoff verlegt werden, wie sie überall im Fachhandel erhältlich sind. Ummantelte Kunststoffrohre kann man auf passende Länge zuschneiden und an den Enden auch ineinanderstecken. Man verlegt sie in Gräben von etwa 10 cm Breite und 25 cm Tiefe. Diese Gräben sollten immer etwas Gefälle aufweisen und daher leicht hangabwärts angebracht werden. Der genaue Verlauf der Drainagerohre muß natürlich im Gartenplan festgehalten werden, damit sie später leichter aufzufinden sind oder auch bei der Bepflanzung entsprechend berücksichtigt werden. Alle Arbeiten zur Drainage müssen abgeschlossen sein, bevor die nächsten Vorbereitungsarbeiten für die Gartengestaltung beginnen.

ZUR ABRUNDUNG

Auf die verschiedenen Rahmenbedingungen eines Kleingartens kann man sehr flexibel und mit einer Vielzahl von Möglichkeiten reagieren. Es wäre falsch anzunehmen, daß für eine bestimmte vorgegebene Situation nur ein ganz bestimmter, idealtypischer Garten zu planen und gestalten wäre. Die Abrundung der Gartengestaltung kann somit auf sehr verschiedenen Wegen und mit zahlreichen austauschbaren Elementen erreicht werden. Mitunter sind jedoch Kompromisse nicht zu umgehen.

Gärten an sehr windoffenen Standorten, etwa in Küstennähe oder in Höhenlage, benötigen zusätzlich einen wirksamen Windschutz. In fast allen Landschaften Europas, die oft windige oder sogar stürmische Wetter erleben, haben sich Heckenzeilen als nahezu universelles Mittel erwiesen. Man könnte direkt von Heckenlandschaften sprechen. Vor allem die durch Schnitt sehr verdichteten Buchen- oder Weißdorn-Hecken sind außerordentlich zu empfehlen. Hecken beleben das Bild der ländlichen Siedlung ungemein und sind auch für den praktischen Naturschutz im besiedelten Raum von besonderer Bedeutung.

Je nach Lage und Ausrichtung zum Sonnenstand entwickelt jeder Garten sein eigenes Mikroklima. Zusätzliche Einflüsse gehen vom Mauerwerk, von der Bepflanzung, von der Bodenart und von vielen anderen Faktoren aus. Steinwände und Mauern speichern bei kräftiger Sonnenbestrahlung die Wärme und strahlen sie wie ein Backofen in den kühleren Abend- und Nachtstunden wieder ab. Empfindliche Pflanzen können daher entlang von Mauerwerk angepflanzt werden. Sie werden hier eher gedeihen als im ungeschützten Freiland. Mauern und Bäume werfen im Herbst und Winter lange Schatten. Dies wiederum beeinflußt den Wärmehaushalt der beschatteten Partien. Solche Effekte erscheinen vielleicht zunächst relativ nebensächlich. Mit Sicherheit beeinflussen sie aber Wachstum und Gedeihen der verwendeten Pflanzen.

Ein Garten muß schließlich auch den persönlichen Wünschen und Bedürfnissen angepaßt sein, und diese können denkbar verschieden ausfallen. So sind selbst für den kleineren Hausgarten höchst unterschiedliche Funktionen zu bedenken: Soll der Ziergarten vor allem für Partys oder Sommerfeste genutzt werden? Dient er primär der stillen Erholung? Soll ein Kräutergarten zur Versorgung von Küche und Hausapotheke eingeplant werden? Wenn Kinder in der Familie sind, dient ein Garten mit Sicherheit auch als Abenteuerspielplatz. In diesem Fall sollte man zunächst nicht allzu viel Mühe in die Gestaltung eines exquisiten Gartens investieren. Auf der anderen Seite bietet sich dagegen auch die Möglichkeit, zusammen mit den Kindern zu gärtnern und sie am Wachsen und Reifen der Gartenpflanzen teilhaben zu lassen. Der eigene Hausgarten ist in diesem Fall ein richtiger Kinder-Garten, aus dem alle Beteiligten eine Menge Freude und Anregung schöpfen.

Für Kinder ist beispielsweise auch ein kleines Schwimmbecken eine feine Sache. Später kann man das Becken ohne weiteres in einen wunderschönen Öko-Teich umrüsten. Solange kleine Kinder sich im Garten bewegen und spielen, muß auch die Pflanzenliste einmal daraufhin überprüft werden, ob vielleicht giftige oder sonstwie gefährliche Arten darunter sind.

Wandbilder sind ein sehr aufwendiges, aber sicher wirksames Gestaltungselement, wenn es darum geht, hohe Wände angrenzender Gebäude zu bewältigen. Man kann die Aufmerksamkeit von solchen Wänden natürlich auch durch einen grünen Vorhang aus Kletterpflanzen ablenken oder – mit solchen Lösungen – erst recht einen Blickfang schaffen. Mitunter empfiehlt sich, wie im Bildbeispiel, sogar beides. Um mögliche Konflikte auszuräumen, wurde die Bepflanzung sehr einfach gehalten und auf die Randbereiche und die oberen Ecken beschränkt. Ein noch größeres Wandbild hätte auf der anderen Seite sicher sehr übertrieben gewirkt. Der Boden besteht aus feinem, hellem Kies und einer Einfassung aus Ziegelsteinen. Auf den beiden folgenden Seiten werden Alternativen zu diesem wenig pflegeaufwendigen Kleingarten vorgestellt.

Mit Wasser kann man das Problem der gestalterischen Einbindung hoher Wände ebenfalls sehr gut meistern. Hier läuft das Wasser über ein System gestufter Halbschalen aus Stein in einen L-förmig angelegten Kanal, der zwei Gartenseiten flankiert. Eine versenkt angebrachte Pumpe hält das Wasser in Umlauf und betreibt zusätzlich noch einen kleinen Springbrunnen. Eine der Steinschalen in der Hauswand ist mit kleinen Rankern bepflanzt und führt kein Wasser. Dieses optische „Echo" fügt sich dem Gesamtplan hervorragend ein. Auf den gegenüberliegenden Seiten ist aus Klinker ebenfalls eine L-Form ausgeführt worden, die die Form des Kanals aufgreift und wiederum ein optisches Echo darstellt. Sie begrenzt ein schmales Pflanzbeet. Der Kiesbelag des Bodens wird durch einige Topfpflanzen, etwa durch Fuchsien, aufgelockert, die außerdem zwischen den unterschiedlichen Ebenen vermitteln. Die Blütenfarben wurden auf Weiß und auf einige Rottöne beschränkt. Beachten Sie auch den großen Ast des Baumes auf dem Nachbargrundstück. Er wurde in das Gesamtkonzept einbezogen. Selbst Kleinigkeiten, die auf den ersten Blick übersehen werden, entfalten bei längerem Hinsehen eine überaus positive Wirkung.

Eine hohe Mauer mit immergrünen Kletterpflanzen wie Efeu zu verkleiden, bedeutet noch lange nicht, daß die Aufmerksamkeit von ihr abgelenkt würde. Eine solche begrünte Wand ist der geeignete Hintergrund für die Gestaltungselemente, die den Mittel- und Vordergrund beherrschen. In unserem Vorschlag wird die Kiesschicht auf eine ungefähr L-förmige Fläche beschränkt, die an ein kleines Rasenstück mit interessanter Randbepflanzung grenzt. In den Rasen wurde ein kleiner Kirschbaum gepflanzt, der natürlich besonders zur Blütezeit die Blicke auf sich zieht, und zusätzlich eine Eberesche bzw. Vogelbeere, die zu allen Jahreszeiten einen interessanten Aspekt bietet. Solche kleinen bis mittelgroßen Bäume geben im Hochsommer einen angenehmen Schatten für Sitzgruppen und wirken während der übrigen Jahreszeit als willkommenes Durchgliederungselement des Gartenraums.
Auch die leeren Gartensessel haben ihre besondere Funktion. Sie vermitteln entweder ein Gefühl der Vorfreude auf schöne Sommerabende oder wecken die Erinnerung daran. Wichtig ist, daß sie als integraler Gartenbestandteil empfunden werden können und kein allzu gewichtiges Eigendesign aufweisen. Oftmals gehen gerade von unpassend gewählten Gartenmöbeln sehr störende, aufdringliche Effekte aus.

Auch an alte Menschen muß bei der Gartenplanung gedacht werden. Stufen und Tritte müssen gut erkennbar und bequem begehbar sein. Erhöhte Pflanzbeete müssen so eingeplant werden, daß sie für Pflegearbeiten gut zugänglich und erreichbar bleiben. Der Pflegeaufwand für den Garten ist ohnehin ein gesondertes Kapitel. Berufstätige oder ältere Menschen wünschen sich gewiß einen Garten, in dem nicht allzu viele Pflegearbeiten anfallen. Viele Leute werden Gartenarbeit überhaupt nicht schätzen. Diesen Ansprüchen kann man in mancher Hinsicht durchaus entgegenkommen. Wenn Pflaster oder Klinkerbelag anstelle von Rasenflächen gewählt wird, entfällt auf jeden Fall schon einmal das lästige Mähen. Außerdem pflanzt man in den pflegeleichten Garten keine Pflanzen, die häufig geschnitten, ausgedünnt oder sonstwie versorgt werden müssen. Sträucher sind meist recht dankbare, aber unproblematische Kandidaten für solche Gärten. Ein dichter Bewuchs mit Bodendeckern hält unerwünschte Wildkräuter (‚Un'kräuter) unter Kontrolle. Hecken können eventuell auch buschig wachsen und daher den strengen kastenförmigen Schnitt entbehren. Das schafft zusätzliche Zeitersparnis. Wer Rosen liebt, kann die traditionellen Parkrosen-Sorten verwenden, die ebenfalls weniger Pflegeaufwand erfordern. Immer werden der persönliche Geschmack und das eigene Stilempfinden in die Gartenplanung eingehen. Für die gestalterischen Konzepte und Feinheiten lassen sich gewiß einige beachtenswerte Regeln angeben, gleichzeitig aber auch wieder beliebig viele Ausnahmen benennen, die das Regelwerk relativieren. Manches an den gestalterischen Vorhaben läßt sich aus der Erfahrung heraus bewerten und bewerkstelligen. Andere Maßnahmen sind besser vor Ort zu entwickeln. Kleinigkeiten können da oft schon eine großartige Wirkung erzielen. Um die Übergänge vom Haus zum Garten weniger abrupt oder kontrastbetont zu gestalten, kann man Gruppen von Kübel- oder Topfpflanzen verwenden, die auch einmal wechselnd aufgestellt werden sollten. Kletterpflanzen im Kübel oder Hängeampeln sind weitere Möglichkeiten.

Oft ist es auch vorteilhaft, anstelle einer schnurgeraden Linie mit Kurven oder Rundungen zu arbeiten, – es sei denn, ein ausgesprochen formaler Eindruck wird bewußt angestrebt. Geschwungene Linien kommen für die Ecken von Rasenstücken in Frage, die als rechte Winkel zu unnatürlich aussehen.

Mit Farbe muß immer ein wenig vorsichtig und zurückhaltend umgegangen werden. Manche Leute finden einen überaus bunten Sommergarten attraktiv und mitreißend. Allerdings besteht die Gefahr, daß die verschiedenen Farben und Formen untereinander zu stark konkurrieren. Wem die bunte Fülle nicht gefällt, kann mit wenigen Arten auch ausgewogene Harmonien etwa in Gelb und Blau zusammenstellen. Einfach ist die Pflanzenwahl dabei durchaus nicht, wenn man zusätzlich bedenkt, daß der Garten ja vom Frühjahr bis in die späten Herbstwochen immer etwas hergeben soll. Im Plan kann man den Blühverlauf in etwa berücksichtigen: Notieren Sie den vorgesehenen Standort der Pflanzen und gleichzeitig ihre Blütezeit. Auf diese Weise wird sofort klar erkennbar, wo es zu welcher Zeit eventuell noch Lücken oder Pausen gibt. Berücksichtigen Sie immer auch die Blattform und -farbe der Pflanzen, denn auch von diesen Organen geht eine anhaltende Wirkung auf den Gesamteindruck aus. Wenn man nur Pflanzen einer einzigen Blütenfarbe zusammenstellt (Weiß ist am einfachsten und am beliebtesten), passen dazu besonders Pflanzen mit graugrünen oder mittelgrünen Blättern.

Von den Gestaltungsregeln sollte man sich andererseits auch einmal lösen können. Eine dieser Regeln besagt beispielsweise, daß lange, schmale Gartenstücke durch eine geschickte Bepflanzung mit Sichtsperren oder durch besondere Wegeführung optisch verbreitert werden sollen. Dieses Rezept ist sicherlich tausendfach befolgt und mit großartiger Wirkung umgesetzt worden. Die Regel kann aber auch einmal durchbrochen werden: Es gibt ohne Zweifel auch ungemein gelungene und überzeugende Beispiele, bei denen schmale Grundstücke in lange Alleegärten umgestaltet wurden. Hier wurden die zunächst als ungünstig empfundenen Dimensionen sogar noch unterstrichen. Die paarweise Einplanung von Sträuchern, Kleinrabatten oder Heckenleisten entlang eines geraden Gartenweges nimmt sogar bewußt die Formelemente barocker Anlagen auf. Am Ende eines solchen Weges mit allee-artig angeordneten Pflanzgruppen muß dann allerdings ein echter Blickfang erscheinen, eine Gartenskulptur, ein Brunnen, ein Torbogen oder ein besonders schön geformter, auffälliger Baum. Rechts und links vom Weg können paarweise oder im Wechsel auch kleine Pergolen, Spaliere oder Holzpfosten als Kletterhilfen für verschiedene dekorative Pflanzen angebracht werden. Dadurch wird der Eindruck einer Allee oder eines einladenden Wandelganges sogar noch verstärkt. Um dennoch auch eine gewisse Abwechslung in diese Grundkonzeption zu bringen, könnten die Pflanzflächen zwischen den Gebüschgruppen oder Pergolen auf jeweils verschiedene Weise gestaltet werden, etwa in verschiedenen Farben und Mustern, mit Küchenkräutern oder Gemüsepflanzen, mit Obststräuchern oder Ziergehölzen.

Eine andere ungeschriebene Regel besagt, daß ein Garten immer eine bunte Mischung der verschiedensten Typen sein müsse, um möglichst vielfältig genutzt werden zu können. Auch davon darf man sich im Einzelfall getrost lösen. Es muß nicht unbedingt ein ausgewogener Wechsel von Rasenstücken, Pflasterecken, Strauchgruppen und Kräuterbeeten sein, wiewohl eine solche Anordnung sehr reizvoll sein kann. Einige denkbare Alternativen von erstaunlicher Wirkung werden in diesem Buch vorgestellt, etwa der Azaleen-Garten (S. 100–101) oder der Japanische Garten (S. 124–127). Beide Gärten erzeugen trotz ihrer einheitlichen Stilmittel eine sehr angenehme Atmosphäre.

Eine Atmosphäre der Ruhe und Abgeschiedenheit vermittelt dieser gelungene Garten mit seiner leicht vertieften, zentralen Terrasse – eine kleine Erinnerung an verschwiegene Tempelgärten oder entlegene Klosterbezirke. Die sehr vorsichtig betonten horizontalen Konturen aus natürlichem Baumaterial bringen sehr viel Ruhe und Gleichklang in diesen Garten. Die Bepflanzung im Hintergrund, gleichförmig von sehr niedrigem über mittelhohen bis zum hohen Wuchs der begrenzenden Baumwand ansteigend, nimmt dieses Element harmonisch auf. Die Pflasterung in der Terrassenvertiefung ist nicht so regelmäßig ausgeführt, daß sie monoton wirken würde. Verwitterte Holzbalken begrenzen und sichern die Hochbeete, bieten aber gleichzeitig viele Sitzgelegenheiten.
Die kleine Statue ist der wichtigste Blickfang in diesem Garten. Einen Kontrapunkt dazu bildet die als Vogeltränke aufgestellte flache Keramikschale. Gleichzeitig wird dadurch das Element Wasser sehr zurückhaltend, aber unübersehbar, in das Gartenensemble eingeführt, ohne daß dazu aufwendige technische Vorbereitungen notwendig gewesen wären.
Die Hintergrundbepflanzung besteht aus den Bäumen des Nachbargrundstücks, einer vorgepflanzten Mischhecke und einem Staudensaum. Auf den erhöhten Beeten genügen eigentlich schon ganz wenige kräftige Blüher, um in die grüne und sehr ruhig wirkende Kulisse ein paar Farbpunkte einzubringen. Zwei alternative Gestaltungsvorschläge werden auf den folgenden Seiten erläutert.

Für manche Geschmäcker mag der auf S. 23 abgebildete Garten vielleicht etwas nüchtern oder zu asketisch wirken. Mit einfachen Mitteln kann mehr Lebendigkeit erreicht werden, wie diese Skizze zeigt. Die dunkle Umrahmung wird durch einen weißen Maschendrahtzaun oder ein weißes Spalier aufgelockert. Eine solche Einfassung kann schon für sich alleine sehr attraktiv wirken, andererseits aber auch durch Bepflanzung hier und da ein wenig Abwechslung erfahren. Der Bogen dient als Blickfang und gleichzeitig als Stütze für Kletterpflanzen wie Clematis. Er steht mit seiner vertikalen Betonung in gewissem Kontrast zum bogig überhängenden Astwerk der Hänge-Weide. Diese spendet Schatten für einen einfachen, aber geschickt plazierten Sitz aus Holzbalken. Von hier aus kann man die Pflanzung am Bogen optisch wahrnehmen und genießen. Anstelle von Clematis könnte hier auch Glyzine (*Wisteria sinensis*) verwendet werden, die zur weißen Unterlage effektvoll absticht.

Eine sehr formalistische und fast schon radikale Lösung ist der Ersatz des Terrassenpflasters durch eine Rasenfläche. Außerdem wird hier eine andere Bepflanzung für das erhöhte Beet hinter den Holzbalken gezeigt, die verschiedene Blattfarben und -strukturen miteinander kombiniert. Zusätzlich könnte hier auch ein kleiner Gartenteich vorgesehen werden. Eine Uferlinie würde über größere Steine oder Blöcke zur verbleibenden Pflanzfläche vermitteln. Geeignete Polsterpflanzen für dieses Beet wären u. a. Thymian (Thymus serpyllum) und seine Formen und die Kriech-Weiden (Salix retusa, Salix x simulatrix). Gemeiner Wacholder (Juniperus communis) betont die vertikale Komponente.
Oben: In einer Teilfläche dieses Formgartens könnten auch einige sehr bunte, typische Bauerngartenpflanzen wie Lupinen, Fingerhut, Lavendel und Stockrosen verwendet werden. Den Hintergrund müssen die Pflanzen mit den schlanken, hochwüchsigen Blütenständen bilden. Die mehr buschigen oder überhängenden Formen bilden immer den Vordergrund.

Dieser kleine, L-förmig geschnittene Garten wurde für besonders geringen Pflegeaufwand entworfen. Das versetzt verlegte Plattenwerk verhindert den Eindruck eines langen, ungegliederten Korridors. Die Pflanzen entlang den Wänden mildern die vertikalen Akzente. Der rückwärtige Teil liegt einige Stufen tiefer – ein Element, das immer Abwechslung bringt. Wenn man in einem solchen Garten reichlich Zwiebel- und Knollenpflanzen verwendet, kann auch eine reichhaltige Farbpalette Einzug halten. Ein solcher Garten wird genauer auf den S. 92–93 beschrieben.

Eine solche Zusammenstellung ist fast schon ein Stilleben mit Pflanzen, Steinen und Dekoration. Sie könnte auch ohne weiteres im Gartenbeispiel der gegenüberliegenden Seite verwendet werden. Die Pflanzen wurden sorgfältig aufeinander abgestimmt, um eine optimale Mischung verschiedener Blattformen, Blattornamente und Blattgrößen zu erreichen. Der großblättrige Rhabarber (*Rheum palmatum*) kontrastiert stark mit dem schmalblättrigen Neuseeländischen Flachs (*Phormium tenax*), einer Kübelpflanze, und den noch schmaleren Blättern eines Ziergrases. Der Efeu am Zaun bildet einen immergrünen Hintergrund. Gegenüber an der großen Vase wurden graublättrige Helichrysum- und Senecio-Arten gepflanzt. Ein paar Klatschmohn-Pflanzen setzen auffällige Farbtupfer. Zwischen den Steinen sorgt Fetthenne oder Mauerpfeffer für auflockerndes Grün.

Die Holzkonstruktion einer Pergola und ein Essigbaum sind eine interessante Alternative zu dem im Foto auf der gegenüberliegenden Seite abgebildeten Garten. Die Sitzgruppe wird in den schattigen rückwärtigen Teil verlagert. Über ihr wirkt die Baumkrone wie ein Sonnenschirm. Der Bodenbelag besteht aus alten Mauerziegeln. Die Pergola kann nach oben und zur Seite mit Glas teilweise abgeschlossen werden. Ähnliche Vorrichtungen sieht man gelegentlich auch in gemütlichen Gartenrestaurants. Der enge Zugang zur Sitzgruppe wurde mit einigen Trittsteinen in einer hellen Kiesschicht und einem frohwüchsigen, kräftig grünen Bodendecker gestaltet – in diesem Fall das nicht winterfeste Bubiköpfchen (Soleirolia soleirolii Syn. Helxine soleirolii). Am Eingang zur Pergola wurden wieder Neuseeländischer Flachs oder Agave, Kriechender Günsel, Mohn und Kreuzkraut verwendet. Die große Vase wirkt auch dekorativ, wenn sie selbst unbepflanzt bleibt.

EIN JAPANISCHER GARTEN

Eine geradezu herausfordernde Heiterkeit kennzeichnet den japanischen Garten, von dem wir hier ein eindrucksvolles Beispiel vorstellen. Das macht ihn auf der anderen Seite zum idealen Ruhe- und Entspannungsort für geschäftige, gehetzte Menschen. Üppig bepflanzt sind solche Gärten im allgemeinen nicht. Daher fällt im Grunde genommen auch nicht allzu viel Pflegearbeit an. In gewisser Weise sind fernöstliche Gärten jedoch empfindlich. Daher eignen sie sich nur sehr bedingt als Spielplätze für kleinere Kinder.

Der japanische Garten symbolisiert gleichzeitig auch Bestand und Unveränderlichkeit. Dies wird durch vorzugsweise Verwendung immergrüner Pflanzen erreicht. Von wenigen Ausnahmen abgesehen (Magnolien, Rhododendron, Kirschlorbeer), entwickeln immergrüne Arten keine allzu auffälligen Blüten. Das heitere Element findet Eingang durch eine sehr klare, übersichtliche Linienführung der übrigen Gartenzutaten, die traditionell aus Bambusrohr und aus Stein bestehen. In unseren Breiten wird man jedoch kaum die gesamte Symbolik eines japanischen Gartens nachstellen können. Der Sinngehalt der einzelnen Gartenbestandteile wird in Japan im wesentlichen von den Vorstellungen und Deutungen der Shinto-Religion getragen. Ein Stein ist darin nicht einfach ein Stein, sondern Abbild der Gottheit oder Symbol für ein hohes Gebirge, das die Ebene – die Gartengrundfläche – überragt.

1 Bambusverkleidung an der Hauswand

2 Wasserbecken mit Zulauf aus Bambusrohr (siehe S. 31)

3 Bambuszaun markiert Begrenzung des Pflasters

4 Steinerne Gartenlaterne (siehe S. 30)

5 Ausgewachsener Laubbaum

6 Bambusstuhl

7 Mauerbewuchs aus Efeu

8 Kiesauflage

9 Blockwerk

10 Ziegelpflaster mit ungleicher Begrenzung

11 Gewundene Gartenpfade aus Trittsteinen

12 Steinerner Buddha

Oben: Dieses Ziegelpflaster stammt noch von der Vorgängeranlage, einem Innenhof. Es wurde nur teilweise entfernt, als ein neuer Garten geplant wurde, weil seine glatte, ebene Oberfläche einen hübschen Kontrast zur Kiesstreu bildet. Bewußt wurde auch eine gegenseitige Verzahnung der beiden Beläge gewählt. Das alte Pflaster dient jetzt als Grillecke.

☐ Alte Ziegel- oder Mauersteine können auf ähnliche Weise auch in neuen Gärten wiederverwendet werden.

Links: Gruppenweise gepflanzter Bambus und Pfade aus einzelnen Trittsteinen in lockerer Kiesschicht sind typische Stilmerkmale eines japanischen Gartens. Der bogige Verlauf des Trittsteinweges verspricht interessante Gartenansichten aus verschiedenen Blickwinkeln, wodurch die verfügbare Grundfläche vielseitiger und größer wirkt. Die Steine ragen unterschiedlich hoch aus dem Grund – eine individuelle Betonung.

☐ Die ebene Kiesschicht erinnert an ein Gewässer. In Japan werden mit Rechen sogar Linienmuster in die Kiesschicht gezogen, um eine gekräuselte Wasseroberfläche darzustellen. In kleinen Gärten ist diese zeitaufwendige und durchaus nicht einfache Maßnahme eventuell entbehrlich.

Oben: Klare Kontraste zwischen Gestein, Pflanzen und Kiesboden sind wesentliche Stilmittel eines japanischen Gartens. Dieses Detail stammt aus dem Hintergrund des links dargestellten Gartens.

Rechts oben: Gräser, Farne, gefleckte Lorbeer-Kirsche und ein kleiner Fächerahorn (Acer palmatum) bilden ein natürliches Laubdach über einem kleinen Wasserbecken.
☐ Solche Kleinstlandschaften gehören zu den besonderen Kennzeichen fernöstlicher Gärten. Sie sind hervorragend geeignet zur Gestaltung von Gartenecken.
Rechts außen: Die Wasserzuleitung in das kleine steinerne Wasserbecken wurde aus Bambusrohr gefertigt. Zwei quer über den Beckenrand gelegte Bambusstücke greifen das gleiche Motiv auf und bewirken, daß der Wasserspund nicht zu isoliert wirkt.
☐ Um die Aufmerksamkeit auch auf ein kleines Wasserbecken wie dieses zu lenken, kann der Zulauf aus einiger Höhe herangeführt werden und damit vernehmlich plätschern. Außerdem bewirkt das Spritzwasser, daß die Steine der Randeinfassung ständig naß und glänzend aussehen. Ein gewisser Wasserverlust ist dabei unvermeidlich. Er wirkt sich jedoch nur wenig aus, wenn eine größere Wassermenge ständig zirkuliert.
Rechts unten: Unaufdringlich schaut die Steinfigur, ein Buddha, durch das schmalblättrige Laubwerk in den Garten. Halbschatten löst die Konturen zusätzlich auf. Die Gitterkonstruktion aus Bambus ist ein gelungenes Mittel, um den Kontrast zur Rückwand zu mildern.

Eine dichte, hohe Bambusverkleidung der Hauswand stimmt auf die fernöstliche Atmosphäre dieses Gartens ein. Gleichzeitig bietet sie ein interessantes und vor allem ungewohntes Hintergrundmuster. Das gleiche gestalterische Thema wird mit dem niedrigen Bambuszaun und dem Bambusstuhl auf dem Ziegelpflaster wiederholt.

☐ Japanische Steinlaternen wie das abgebildete, sehr ornamental wirkende Exemplar sind sicher nur in sehr großen Fachgeschäften für Gartenkunst erhältlich. Mitunter werden sie auch mit Moos bepflanzt oder dienen als Futterhäuser für die Vögel.

EIN BAUM STEHT IM MITTELPUNKT

Obwohl mitunter als Störfaktor empfunden, ist ein ausgewachsener Baum in jedem Garten ein unersetzliches Schmuckstück. Im vorgestellten Beispiel hat der Gartenarchitekt den großen Baum in der Gartenmitte zum Bezugspunkt einer wenig pflegeaufwendigen Anlage mit reichlicher Verwendung von Pflasterwerk gewählt. Trotz großflächiger Steindeckwerke wirkt dieser Garten nicht kahl oder öde. Diese besondere Wirkung ergibt sich einerseits dadurch, daß hochwertige Steinplatten verwendet wurden, und daß außerdem nur Rechtecke von unterschiedlichen Seitenmaßen eingeplant wurden. Diese vergleichsweise einfache Bodengestaltung läßt die Grundfläche wesentlich größer erscheinen, als sie tatsächlich ist. Um die Gefahr der Monotonie gänzlich zu bannen, wurde unmittelbar vor dem Haus eine erniedrigte Terrasse eingerichtet.

Die Verwendung von durchlässigem Pflaster in der Umrahmung eines Baumes ist auf Dauer zufriedenstellender als die Anlage eines Rasens, der im Kronenschatten des Baumes kaum gedeiht. Außerdem konkurrieren die Baumwurzeln mit dem Rasen um Wasser und Nährstoffe. Ohne Rasen kommt das versickerbare Niederschlagswasser nur dem Baum zugute. Die einzige Mühe bereitet der herbstliche Laubfall. Der Aufwand ist jedoch gering im Vergleich zum wöchentlichen Rasenmähen.

Die Stufe von der oberen zur unteren Gartenterrasse beim Haus ist leicht geschwungen (vgl. Grundriß). Sie nimmt damit die Formelemente der Gartentreppe vom Hauseingang herunter wieder auf.

1 Ausgewachsene Schwarz-Pappel (Populus nigra)

2 Scheinakazie (Robinia pseudoacacia)

3 Größere Pflanzgefäße mit Yucca, Ziertabak, Lobelien und/oder Efeu beidseits der Sitzgruppe

4 Sitzgruppe mit Tisch und zwei Sesseln

5 Natursteinplatten (Sandstein, Schiefer etc.)

6 Niedrige Pflanzbeete

7 Niedrige Stufe

8 Elegant geschwungene Gartentreppe

Oben: Eine geschwungene Treppe, die zum Garten hinunterführt, wirkt ausgesprochen elegant und formvollendet. Gleich rechts vom Treppenabgang befindet sich ein schmaler Pflanzstreifen mit immergrünen Bodendeckern. Den Übergang zur erhöhten Gartenterrasse vermittelt ein leicht erhöhtes Beet mit Hortensien, Ziergräsern, Kreuzkraut und Zwergmispel.

Oben: Die hübsch gezeichneten Blätter einer gescheckten Gartenform der Gefleckten Taubnessel (Lamium maculatum) bilden einen lebhaften Gegensatz zur strengeren Geometrie des Pflasters. Den Übergang vermitteln gerundete Steine verschiedener Größen. Zwischen ihnen können sich einjährige Kriechpflanzen, beispielsweise Vogelmiere (Stellaria media) oder Ehrenpreis (Veronica persica) entwickeln.

Oben rechts: Yucca-Palmen geben immer einen Hauch von sommerwarmer Exotik. Sie sollten im Garten nur sparsam verwendet werden.

□ Yucca filamentosa ist eine der auch bei uns winterfesten Arten. Andere Arten können in Kübeln gepflanzt und im Kalthaus überwintert werden.

Rechts: Dieses Bildbeispiel zeigt, wie selbst in einem Pflanzgefäß durch geschickte Artenauswahl ein Miniaturbeet geschaffen werden kann: Dominiert wird das Ensemble von einer schmalblättrigen Yucca. Weiße Glockenblumen, Kamille, kleine Chrysanthemen und hängende Lobelien bilden den Mittelbau. Ein kleinblättriger Efeu mit gescheckten Blättern rankt frei über den Gefäßrand.

RUSTIKALES ROT

Auch in diesem Fall sehen wir an einem gelungenen Beispiel, daß die Verwendung von Steinwerk im Garten nicht unbedingt langweilig oder eintönig sein muß. Die glatte Oberfläche der Klinkerterrasse wird von der weicheren Kiesschüttung aufgefangen. Damit ist ein schöner Vordergrund für eine sorgfältig ausgewählte Bepflanzung gegeben. Anstelle der neuen Klinkersteine hätten auch ebenso gut alte Mauerziegel verwendet werden können. Sie hätten das rustikale Element dieses Gartens noch stärker hervortreten lassen. Die strengere Klinkergeometrie fügt sich jedoch ebenso ein.

Die Wahl eines dunkelblättrigen Perückenstrauches, der in klimatisch ungünstiger Lage regelmäßig zurückfriert, war mutig, bringt aber klaren optischen Gewinn. Sein dunkelrotes Laub verfärbt sich im Herbst nach Hellrot. Im Sommer bildet er eine schöne dunkle Kulisse für den hellblauen Agapanthus oder die kräftig gelben Taglilien.

Zu diesen Hochstauden stehen die kleinen Steingartenpflanzen in reizvollem Gegensatz. Der Mininatursteingarten wurde als Hochbeet in einer Pflanzkiste eingerichtet.

1 Rasenfläche

2 Strauchbepflanzung

3 Kiesschicht

4 Gewächshaus, an das Wohnhaus angelehnt

5 Pflanzgefäß mit Geranien (Pelargonien) in besonderer Vertiefung

6 Pflanzgefäß mit Riesen-Fetthenne

7 Gartengrill mit Steinunterbau

8 Pflanzkiste mit Miniatursteingarten

9 Dekoration mit großem Tonkrug

10 Klinkerterrasse

11 Perückenstrauch (Cotinus coggygria 'Rubrifolius')

Links: Kräftige Blütenfarben beherrschen die Szene. Fleißige Lieschen und Geranien werden überragt vom dunkelroten Laub des Perückenstrauches. Im Hintergrund breitet ein Essigbaum sein Laubwerk aus. Im Herbst verfärbt er sich karminrot und setzt damit erst im fortgeschrittenen Jahr einen besonderen farblichen Akzent.

Oben: Das angelehnte Gewächshaus hat den gleichen Neigungswinkel wie das Hausdach. Auf diese Weise kann der Übergang vom Wohnbereich in den offenen Garten geleistet werden, besonders wenn innen und außen Topfpflanzen aufgestellt sind. Beachten Sie, daß die Klinkerterrasse durch eine kleine Erhöhung von der Kiesfläche abgehoben wurde. Ein Pflanzgefäß mit Riesen-Fetthenne (Sedum spectabile) markiert die Terrassenecke.

☐ Große Gewächshäuser schränken den freien Gartenraum natürlich spürbar ein. Andererseits bieten sie während der kalten Jahreszeit die hervorragende Möglichkeit, empfindliche Pflanzen geschützt weiterzukultivieren.

☐ Der Gartengrill kann eventuell eine ständige Einrichtung sein. Im Bildbeispiel ist er wenig auffällig und geschickt bemessen. Sein Unterbau besteht aus einem einfachen Ziegelmauerblock. Die Unterbausteine können auch lose aufgeschichtet werden. Auf diese Weise lassen sich störende Kanaldeckel wirksam tarnen.

PFLANZEN ZWISCHEN STEINEN

Ein qualitativ hochwertiges Natursteinpflaster bildet ebenso eine kaum zu übertreffende Kulisse für dekorative Bepflanzungen wie eine Natursteinmauer. Wenn die Pflanzenauswahl so geschickt getroffen wurde wie in diesem kleinen städtischen Hausgarten, sind weitere ornamentale Gartendekorationen völlig entbehrlich. Die Pflanzen umgeben und durchsetzen das Steinpflaster. Sie zeigen eine Vielzahl verschiedener Formen, Strukturen und Farben. Das Spektrum reicht von der schlanken Säulen-Eibe (Taxus baccata 'Fastigiata') bis zur wundervoll grausilbrigen Belaubung des bei uns nicht winterharten Strauchbeifußes (Artemisia arborescens), der sich unmittelbar an die Hauswand anlehnt. Als winterharter Ersatz für den Strauchbeifuß bietet sich der im Spätsommer blau blühende Silberstrauch (Perovskia atriplicifolia) an. Ein großer Teil der verwendeten Arten ist immergrün. Einige sukkulente Pflanzen verleihen der Gartenanlage einen gewissen südlichen Zug. Die Blütenpflanzen sind im wesentlichen auf Weiß und Gelb beschränkt worden, um spektakuläre Farbakzente zu vermeiden. Rosmarin oder Salbei könnten diese Pflanzung wundervoll abrunden.

Im Mittelbereich der Gartenfläche wurde eine leicht erhöhte Plattform vorgesehen, die mehrere kleine Pflanzbeete anbietet. Die Ecke hinter der Säuleneibe wurde stärker erhöht. Die Begrenzung übernimmt ein unauffälliger Holzzaun, der jedoch völlig unter dem Bewuchs verschwindet.

Oben: Ungewöhnliche Belaubungstypen ziehen die Blicke an: der bei uns nicht winterharte Strauchbeifuß (Artemisia arborescens) und Akanthus (Acanthus spinosus). Ersatzweise kann ein Silberstrauch (Perovskia atriplicifolia) gepflanzt werden. Links erkennt man die reifenden Fruchtstände von Clematis viticella und eine weitere graublättrige Art, den Wermut (Artemisia absinthium). Viele grau- oder silberblättrige Pflanzenarten stammen aus trockenen, sommerwarmen Gebieten. Bei uns müssen sie im Kalthaus überwintert werden.

1 Erhöhtes Pflanzbeet

2 Strauchbeifuß (Artemisia arborescens) als Kübelpflanze oder ein winterharter Silberstrauch (Perovskia atriplicifolia)

3 Natursteinplatten

4 Zaun oder Spalier mit Clematis

5 Steinplattform mit Pflanzlöchern

6 Erhöhter Teil mit Kreuzkraut (Senecio greyi) als Kübelpflanze

Der Blick über die zentrale Steinplattform zeigt eine reiche Auswahl verschiedener Blattformen. Links fällt die Riesen-Fetthenne (Sedum spectabile) in den Blick. Ausgesprochen dekorativ wirken die stark wollig behaarten Blätter des Woll-Ziests (Stachys byzantina). Sie bilden einen lebhaften Kontrast gegen den dunkelroten Günsel (Ajuga reptans 'Atropurpurea'). Kreuzkraut als Kübelpflanze (Senecio greyi) und einjährige Strohblumen (Helichrysum petiolatum) fügen sich mit ihrem graugrünen Blattwerk hervorragend ein.

□ Die Bergenie (Bergenia cordifolia) eignet sich auch sehr gut als Bodendecker. Im Herbst nehmen die ledrigen Blätter eine leicht rötliche Färbung an.

Im Eckbereich der Steinplattform wurde eine Säulen-Eibe (Taxus baccata 'Fastigiata') verwendet, an ihrer Basis verschiedene Steinbrech-Arten.

UMGEBEN VON MAUERWERK

Ein Garten kann auch dann ausgesprochen attraktiv und interessant wirken, wenn er mit strengen, betonten Linien geplant wurde. Im Beispiel wurde erst gar nicht versucht, über die Tatsache hinwegzutäuschen, daß dieser Garten nun einmal von Ziegelmauern umgeben ist. Im Gegenteil, der Gartenarchitekt hat dieses Element aufgegriffen und zusätzliches Mauerwerk gestalterisch eingebracht. Die harmonische Wirkung kommt dabei durch die Verwendung von Rundungen im Mauerwerk und im Torbogen zustande. Das Ziegelpflaster im Boden paßt sich diesem Rahmen in Struktur und Farbe unmittelbar an.

Für die gärtnerische Gestaltung stehen zwei erhöhte, ungefähr L-förmige Pflanzbeete mit Ziegeleinfassung zur Verfügung. Dadurch entsteht für die zentrale Sitzgruppe ein zwar kleiner, aber sehr intim und behaglich wirkender Raum. Um die Übergänge zwischen den verschiedenen Ebenen fließender zu gestalten, wird eines der beiden Hochbeete im Bodenbereich von einem schmalen Pflanzstreifen begleitet. Hier wurden polster- und kissenförmig wachsende Pflanzen wie Heidekraut und andere verwendet.

Der gesamte Entwurf kommt mit vergleichsweise einfachen Formen und Elementen aus. Dennoch wurden die Einzelheiten mit Bedacht durchgestaltet, um Interesse zu wecken. Innerhalb kurzer Zeit wurde ein sehr beengt wirkender Hinterhof mit polychromen Ziegelsteinen in einen atmosphärischen Patio verwandelt. Allerdings sollte bedacht werden, daß selbst die Wiederverwendung gebrauchter Ziegel (wie im vorliegenden Fall) nicht unbedingt eine sehr preiswerte Lösung ist. Das Mauerwerk muß nämlich sehr sorgfältig und fachmännisch ausgeführt werden.

1 Ziegelmauern mit Holzspalier auf der Mauerkrone

2 Bogen aus Ziegeln über Schmiedetor

3 Erhöhte Pflanzbeete mit Ziegelmauereinfassung

4 Pflanzbeet am Mauerfuß, ebenfalls mit Ziegeleinfassung

5 Topfpflanzen (Geranien bzw. Pelargonien)

6 Flache Stufen zur Sitzgruppe

Weißlackierte, gußeiserne Sitzmöbel sind eine stilvolle Abrundung dieses kleinen Gartens im rückwärtigen Bereich des Hauses. Sie bilden einen augenfälligen Gegensatz zur warmtonigen Wirkung der Ziegelmauern. Rosafarbene Geranien bzw. Pelargonien sind in den freien Schenkel des erhöhten Pflanztrogs gruppiert worden. Mit ihren eher weichen Umrissen überdekken sie die Kontur des Mauerwerks. Wenn diese Pflanzen im Spätherbst für die Überwinterung im Haus vorbereitet werden, können an ihrer Stelle winterblühende Stiefmütterchen oder andere Pflanzen, etwa Schneeheide oder Schneerose, verwendet werden.

☐ Erhöhte Pflanzbeete wie im vorgestellten Beispiel sind wenig pflegeaufwendig, gut zugänglich und immerhin so bemessen, daß auch tieferwurzelnde Pflanzen darin gedeihen können. Im rückwärtigen Beet haben Ziersträucher, nämlich Feuerdorn (Pyracantha coccinea), Platz gefunden. Pflanzgefäße mit Gewürzkräutern, etwa Rosmarin, Salbei, Thymian oder Bohnenkraut (zur Überwinterung im Haus) runden das Bild des Gartens ab.

SPALIERKUNST

In der französischen Gartenkunst des siebzehnten Jahrhunderts spielten kunstvoll gestaltete Holzspaliere eine bedeutende Rolle. Nicht nur einfache Klettergestelle für alle möglichen Pflanzen wurden dabei aufgestellt, sondern dekorativ gestaltete Säulen- und Bogenkonstruktionen von hohem ästhetischem Reiz.

Das rechts abgebildete Beispiel ist zweifellos ein Meisterwerk an sauberer Holzverarbeitung, das die alte gartengestalterische Tradition der Spaliere bewußt aufnimmt. Das Lattenwerk ist so dicht, daß es fast schon wie ein Ersatz für Mauerwerk erscheint. Andererseits ermöglicht es noch ausreichenden Lichteinfall. Im abgebildeten Garten begrenzt das Spalier den Garten. In anderen Fällen, gegen eine aufragende Mauer gelehnt und üppig bewachsen, kann es die Gartengrenzen auch optisch verlagern. Selbstverständlich sind auch einfachere Versionen denkbar, wenn auch einmal die Kostenseite in Betracht gezogen wird.

Spalierkonstruktionen eignen sich vorzüglich als Kletterhilfe für rankende, aufsteigende Pflanzen. Die Bepflanzung muß jedoch mit Bedacht gewählt werden. Zu großblättrige Arten könnten eventuell schwergewichtig wirken und die Gesamterscheinung stören.

Bei einem lichten Spalier verwendet man am besten eine Clematis mit kleinem, lockeren Blattwerk. In die Bogenkonstruktion dieses Spaliers wurde ein großer Spiegel eingelassen, der von zusätzlichem Lattenwerk überkreuzt wird. Dadurch wird der angrenzende Garten gleichsam ausgeblendet. Wenn er ebenfalls attraktiv bepflanzt ist, kann man natürlich auch eine etwas transparentere Lösung ohne Spiegel wählen.

Die Pflanzflächen sind leicht erhöht und werden von einer schmalen, geschwungenen Ziegeleinfassung begrenzt.

Die diagonalen Linien des Klinkerbelags kehren in der Bogengestaltung des Spaliers hinter der Sitzbank wieder. Die Bepflanzung in dem niedrig gehaltenen Beet besteht aus verschiedenen einjährigen Pflanzen, beispielsweise aus Ziertabak mit weißen Blüten. Wenn auf Stauden verzichtet wird, kann man im jährlichen Wechsel unterschiedliche Aspekte erzielen. Die obige Aufnahme und auch die Abbildung auf der gegenüberliegenden Seite zeigen die Gartenanlage kurz nach der Erstbepflanzung. Das Spalierwerk tritt daher noch etwas dominant in den Vordergrund. Später wird es hinter der Belaubung der Sträucher und Kletterpflanzen stärker verschwinden. Damit wird auch der Gesamteindruck der zunächst noch etwas sparsam wirkenden Anlage wesentlich aufgewertet.

1 Kleine Sträucher flankieren einen Spiegel innerhalb der Spalierkonstruktion

2 Ziertabak (Nicotiana alata) und andere Sommerpflanzen

3 Weiße, steinerne Sitzbank

4 Erhöhte Pflanzbeete mit niedriger Ziegeleinfassung

5 Aufwendiges Spalierwerk

6 Stufen vom Hauseingang führen in den Garten

7 Ziegel- oder Klinkerpflaster im Fischgratverband

Die Sitzbank ist im Stil der italienischen Renaissance gestaltet. Die Hintergrundbepflanzung besteht aus einer noch recht kleinen Tamariske (links vom Spalierbogen) und einem blaublättrigen Eukalyptus (nicht winterhart). Rechts vom Bogen wurde ein Hibiskus verwendet. Nur in klimatisch sehr begünstigten Lagen empfiehlt sich für diese Stelle eine Kamelie, ein Abutilon oder ein kleiner Feigenbaum. Das offene Spalier läßt für alle diese Pflanzen genügend Licht einfallen.

Alternative Bepflanzungen könnten aus Zierapfel (*Malus floribunda*), Ginster-Arten oder Felsenbirnen (*Amelanchier laevis* oder *A. lamarckii*) bestehen.

EIN QUADRAT IM QUADRAT

In diesem Beispiel stellen wir ein besonders einfaches, aber vielleicht gerade darum bezauberndes Gartendesign vor. Die strenge Symmetrie, die dem Grundriß eigentlich zugrunde liegt, wurde durch erhöhte Pflanzbeete und durch einen Eckteich mit gerundeter Einfassung aufgelockert.

Das Relief wurde zusätzlich durch ein zentral angelegtes Quadrat belebt, eine Art Teppich aus Steinplatten und Ziegel, der in das übrige Steindeckwerk des Bodens eingelassen wurde. Von dieser abwechslungsreichen Verwendung der Baustoffe geht bereits eine besondere, anregende Wirkung aus. Zusätzlich ließe sich die Wirkung noch dadurch verstärken, daß anstelle einzelner Platten des zentralen Quadrates Miniaturbeete mit unterschiedlicher Pflanzung vorgesehen würden.

In der linken oberen Ecke wurde ein Götterbaum (Ailanthus altissima) gepflanzt. Dieses raschwüchsige und sehr hoch werdende Gehölz bringt angenehmen Schatten. Eine leichtere Schattenwirkung geht auch von einem Essigbaum (Rhus typhina) auf der gegenüberliegenden Seite aus. Die übrigen Teile dieses kleinen Gartens erhalten das volle Sonnenlicht. Auf kleiner Grundfläche läßt sich somit ein rascher Wechsel zwischen Licht und Schatten erreichen. Entsprechend können lichthungrige und auch schattenverträgliche Schmuckpflanzen verwendet werden.

In diesen Garten passen am besten weiße, etwas verspielte Möbel aus Eisen oder Holz, die zudem die Stilmerkmale der schönen Gartentreppe (siehe gegenüberliegende Seite) wiederholen. Rings um den Stamm des Götterbaums wurde ein sehr schattiger Sitz wie ein Kragen gelegt – eine weitere Zutat zur ausgesuchten Einrichtung dieses Grundstücks, die die Blicke auf sich ziehen wird. An heißen Sommertagen wird gerade diese Sitzmöglichkeit besonders geschätzt werden.

1 Der Götterbaum (Ailanthus altissima) spendet Schatten

2 Schattiger Sitz rund um den Baumstamm

3 Erhöhter Eckteich

4 Abschirmende Kletterpflanzen am Spalier

5 Quadrat in der Mitte mit Pflasterwerk aus Ziegel, Klinker, Kiesel und Steinplatten

6 Töpfe mit Hortensien am Treppenaufgang

Links: Mit blühenden Hortensien kann man die etwas aufdringliche Monotonie einer ungegliederten Hauswand aufbrechen.
☐ In relativ milden Gebieten kann man Hortensien auch während des Winters im Pflanzbeet lassen. Andererseits sind sie auch dankbare Topfpflanzen. Wenn man sie gut feucht hält, gedeihen sie auch an schattigen Stellen und bilden interessante dekorative Elemente an Treppen oder Mauern.

Oben: Verschiedene kriechende und überhängende Pflanzen, darunter auch ein Efeu mit gescheckten Blättern, verdecken die scharfkantige Begrenzung des erhöhten Pflanzbeetes. Auf kleinem Raum wurden hier Pflanzen mit sehr unterschiedlichem Blattcharakter zu einer interessanten Gruppe zusammengestellt. Vor der schattigen Wand des Götterbaumlaubes wirken besonders die leuchtenden Blütenköpfe verschiedener Sommerpflanzen sehr belebend. Funkien und Fetthennen tragen zur Vielfalt ebenso bei wie die schlanken Blätter des Ziergrases auf der linken Seite. Diese Bepflanzung ist ebenso ansprechend wie praktisch.

Links: Die zweifellos interessanteste Einrichtung des kleinen Gartens ist der Eckteich mit seiner gerundeten Vorderfront. Seine Rückseite wird durch Efeu (Hedera colchica) erhöht. Ferner gehören verschiedene Farne und Glockenblumen (Campanula carpatica) zur effektvollen Randbepflanzung.
☐ Isoliert aufgestellte Figuren wirken mitunter etwas verloren. In Gruppen kommen sie eher zur Geltung. Auf dem Teichrand wurden zwei passende orientalische Dämonen als Dekorationsstücke aufgestellt. Eine dritte Figur ist im rückwärtigen Laubwerk versteckt.

KREISFORMEN

Auf diesen Seiten wird ein Garten vorgestellt, bei dem mit verhältnismäßig einfachen geometrischen Grundformen gearbeitet wurde. Drei vollständige Kreise aus Ziegelsteinen, jeder unterschiedlich groß, wurden innerhalb eines Rechtecks verteilt. Einer der drei Kreise übernimmt im Garten die Funktion eines kleinen Brunnens. Alle Proportionen der Grundfiguren sind auf die Gesamtmaße sorgfältig abgestimmt worden. Diese Komposition ist beinahe klassisch und läßt sich mit den verschiedensten Ausführungen verknüpfen. Mit den hier verwendeten Gehölzen und sonstigen Pflanzen ist die Anlage sogar bemerkenswert pflegeleicht.

Die Ziegelsteinkreise überragen die rechteckige Grundfläche geringfügig. Ihr rückwärtiger Teil stützt wiederum kräftiger erhöhte Pflanzbeete. Rund ein Drittel dieses Gartens ist mit Gehölzen dicht bepflanzt. Die Restflächen entfallen auf das Steindeckwerk. Die Monotonie der großen grauen Steinplatten wurde durch die Verwendung der formal und farblich klar abstechenden Ziegelsteine wirkungsvoll durchbrochen. Tatsächlich bietet schon allein das Steinwerk in diesem Garten viele Strukturlinien, an denen die Augen unentwegt entlangwandern können. Echte Ruhepunkte fehlen. Die Verlegung der Ziegel muß sehr sorgfältig ausgeführt werden. Jeder einzelne Ziegelstein innerhalb des umfassenden Steinkreises muß individuell auf seine Paßform zugerichtet werden.

Seinen geringen Pflegeaufwand verdankt dieser Garten vor allem der Tatsache, daß bei den Gehölzen eine Reihe immergrüner Arten ausgewählt wurde. Niedrigwüchsige Zwergkoniferen, Lorbeer-Kirsche oder auch Stechpalmen mit glattrandigen Blättern bestimmen neben Efeu das Bild. Die Hintergrundbepflanzung besteht aus laubwerfenden Arten wie Waldrebe (Clematis montana) oder Sommerflieder (Buddleja davidii).

Diese Gartenkonzeption ist bemerkenswert modern. Sie setzt Formen und Linien viel vordergründiger ein als auffällige Farbeffekte durch Blüten. Fast alle verwendeten Pflanzen sind schattenverträglich. Mit ihren höchst unterschiedlichen Blattformen, -größen und -texturen bringen sie auch ohne spektakuläre Blüten eine Menge Abwechslung ins Spiel.

1 Lattenzaun aus schmalen, naturfarbenen Hölzern, gleichzeitig Kletterhilfe für Pflanzen

2 Kreisrunder, ziegelumfaßter Gartenteich

3 Graulaubiges Kreuzkraut (Senecio-Arten), nicht winterhart oder ein silberlaubiger Wermut (Artemisia absinthium), winterhart

4 In Ziegel ausgeführte, leicht erhöhte Kreise

5 Sträucher der Randbepflanzung unterbrechen die perfekte Kreisform

6 Polsterförmige Bodendecker

7 Terrassenfläche mit Steinplattenabdeckung

8 Gartenzugang

Links: Die Betonung der streng geometrischen Formen harmoniert natürlich am besten mit moderner Hausarchitektur. Für ein traditionelles Landhaus ist dieses Gartendesign trotz seiner Ausgewogenheit untauglich. In der warmen Jahreszeit wird man sicher nur schwer der Versuchung widerstehen können, auf die großen Freiflächen Pflanzschalen mit roten Pelargonien oder anderen kräftigen Blühern zu stellen. Das einfache Rondell könnte mit den gleichen Formen auch abgewandelt werden: Man kann die leeren Kreisflächen durch überlagernde Kreisbögen gliedern und auf der Basis dieser Linienführung vertiefte oder auch erhöhte Pflanzflächen schaffen. Solche Teilkreise könnten auch seitwärts oder nach vorne angegliedert werden. Viele Betrachter fühlen sich angesichts einer perfekten Geometrie, die nur Vollkreise verwendet, etwas unbehaglich. Durch Aufbrechen der Linien mit zusätzlichen Elementen tritt ein wenig Unvollkommenheit hinzu, die jedoch sympathisch wirkt. In unserem Beispiel wird der hintere Kreis durch die hellaubigen Sträucher unterbrochen. Dennoch ergänzen die Augen die Fläche wieder zum Vollkreis.
Zum geometrisch betonten Design dieses Gartens paßt auch der ungewöhnliche Gartenzaun, der fast nur aus schmalen, senkrechten Latten zu bestehen scheint. Zäune dieser Art bieten einen sehr guten Sichtschutz, wirken aber dennoch nicht zu massiv oder so bedrückend wie eine Bretterwand. Außerdem sind solche Lattenzäune auch weniger anfällig gegen Windzerstörung.

Rechts: Bewegtes Wasser im Garten ist eigentlich kein großes Problem. Man benötigt dazu nicht einmal einen kunstvoll gestalteten Brunnen, wie das Beispiel zeigt. Der Zulauf ist für den Betrachter an der vorderen Innenseite des Beckens versteckt. In diesem Fall genügt ein einfaches Schlauchstück. Der Teich ist im Grunde genommen erstaunlich klein – auch darin weicht die Planung von herkömmlichen Vorstellungen ab.

TÄUSCHMANÖVER

Die Bepflanzung dieses romantischen, kleinen Gartens auf der Rückseite eines Stadthauses wurde so geschickt plaziert, daß die tatsächlichen Begrenzungen zu fließen scheinen. Beim Blick aus dem Fenster ist es fast nicht möglich zu sagen, wie weit der Garten noch über den ziegelgepflasterten Bereich hinausreicht, eine optische Täuschung, die allerdings durch die Planung beabsichtigt wurde. Diese Täuschung wird vor allem dadurch erreicht, daß die Bepflanzung von den beiden Rändern etwas zur Gartenmitte drängt und dort eine verengte Durchsicht schafft. Auf diese Weise wird die Gartenfläche in zwei Teilbereiche getrennt. Verbindendes Element ist ein natürlicher Torbogen, gebildet aus der perfekt geschnittenen Rundkrone links und der scharfspitzigen Schopfkrone rechts. Zwischen Funkien, Lilien, Efeu, Farnen und anderen Pflanzen von besonderem Charakter scheint der kleine rechteckige Brunnen fast vollständig zu verschwinden. Seine dunkle Wasserfläche ist vom Haus aus jedoch zu erkennen und zu übersehen. Die gesamte formale Gestaltung des Hintergrundes ist so beherrschend, daß der Blick von den Seitenwänden abgelenkt wird und die Begrenzung kaum wahrnimmt. Damit die Grenzmauer nicht störend wirkt, ist sie im vorderen Teil von Efeu bewachsen.

Wenn man durch den grünen Bogen tritt, öffnet sich der Garten ein zweites Mal. Gleichzeitig wechselt der Bodencharakter von Ziegelpflaster zu Rasen.

Von der dort aufgestellten Gartenbank ist das Wohnhaus nicht mehr sichtbar. Dieser Gartenteil vermittelt auf perfekte Weise Abgeschlossenheit. Er lädt ein zum Verweilen und Nachdenken.

Licht- und Schatteneffekte wechseln auf Schritt und Tritt. Die tiefen Schatten des Hintergrundes sind ein wesentlicher Bestandteil der tiefen Raumwirkung. Im Vergleich dazu sollte man auch die übrigen Ansichten des gleichen Gartens auf den folgenden Seiten betrachten.

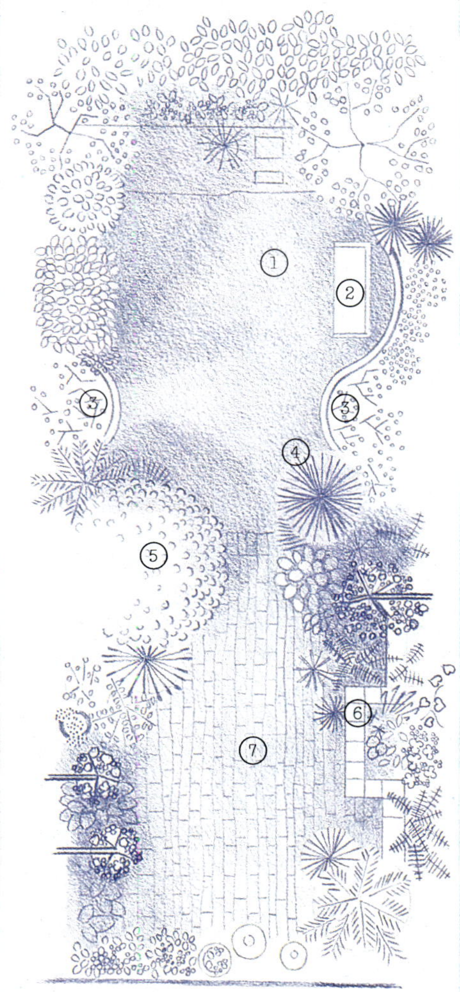

1 Rasen

2 Steinbank

3 Erhöhte Pflanzbeete mit Einfassung aus Kiesel- oder Feuersteinen

4 Keulenlilie (Cordyline australis)

5 Lorbeer-Kirsche (Prunus laurocerasus) mit kugelig geschnittener Krone

6 Kleiner rechteckiger Gartenbrunnen mit Löwenkopf in der Wand für den Wasserzulauf; Hintergrundbepflanzung mit zwei verschiedenen Efeu-Formen

7 Pflaster aus alten Ziegelsteinen in unterbrochenem Läuferverband

Die kühn gewählte Bepflanzung mit ihren außerordentlich verschiedenartigen Blattgrößen, -formen und -strukturen im Verein mit den kräftigen Blütenfarben verfehlt ihre Wirkung natürlich auch dann nicht, wenn sie vom Haus aus durch das Fenster betrachtet wird. □ Der Formschnitt von Gehölzkronen zu dekorativen Ensembles oder Einzelstükken hat auch für die heutige Zeit seinen besonderen Reiz noch nicht eingebüßt. Üblicherweise verwendet man Säuleneibe oder Buchsbaum für den formenden Schnitt. In diesem Fall ist die Rundkrone bei einer Lorbeer-Kirsche (Prunus laurocerasus) entwickelt worden. Ornamental geschnittene Gehölze sollten in einem Garten nicht übermäßig verwendet werden, denn sie bringen ein gewisses unnatürliches Element hinein. Im abgebildeten Garten ist die kugelig geschnittene Lorbeer-Kirsche als bewußter Gegensatz zu den übrigen Formen und Strukturen verwendet worden, vor allem gegen den etwas wild erscheinenden Schopf der Cordyline oder Keulenlilie (Cordyline australis). Diese schmucke Pflanze kann bei uns nur im Kübel gezogen werden und benötigt frostfreie Überwinterung. Den großen Pflanzkübel verdeckt das hübsche Blattwerk einer Funkie (Hosta fortunei).

Links: Die alten Ziegelsteine sind im Läuferverband, aber dennoch phantasievoll verlegt worden, um keine Gleichförmigkeit entstehen zu lassen.
□ Von den Musterbildungen im Bodenpflaster gehen mehr unbewußte Wirkungen aus, als man vielleicht zugestehen wird: In diesem Fall veranlaßt das leicht unregelmäßige Rechteckmuster den Betrachter oder Gartenbesucher, seine Schritte zunächst einmal zu verhalten und beim Gartenbrunnen stehenzubleiben. Ein schmaler Pfad aus parallelen Ziegelreihen oder Ziegelsteine im Fischgrätverband würden genau das Gegenteil bewirken und den Besucher zur Eile antreiben.

Oben: Als Wasserzulauf für den Gartenbrunnen wurde ein stilisierter Löwenkopf verwendet, der in die Wand eingelassen ist. Diese Gestaltung entspricht durchaus traditionellem Formempfinden. Ein paar lose auf dem Brunnenrand liegende Steine und die gärtnerische Bewältigung dieses Teilbereichs erregen zusätzlich die Aufmerksamkeit. Für die Bepflanzung solcher architektonischer Details ist es oft ratsam, zwei verschiedene Efeu-Formen auszuwählen, die sich in Blattgröße oder Blattzeichnung unterscheiden.

Oben: Die Statue eines liegenden Hundes in der Gartenecke, die am weitesten vom Wohnhaus entfernt ist, ergibt einen sehr wirksamen Blickfang. In der Umrandung des Rasens wurden die Pflanzbeete etwas erhöht und mit einer Einfassung aus Kiesel- oder Feuersteinen versehen. Die Beetbegrenzung verläuft in geschwungenen, harmonischen Linien. Ähnlich könnte auch die Brunneneinfassung (siehe Abbildung auf der gegenüberliegenden Seite) gestaltet werden, um die Zusammengehörigkeit der beiden Gartenteile stärker zu unterstreichen. Die großen, blau blühenden Hortensien im Vordergrund ergänzen sich mit der Waldrebe (*Clematis x jackmanii* 'Superba') an der rechten Begrenzung des Gartens.

EINE WALDLICHTUNG

Dieser eigentlich nur sehr kleine Garten eines Stadthauses vereinigt in sich viele Elemente, die vor allem die Landschaftsgärtner außerordentlich schätzen: Hier gibt es gemischte Gebüsche, Rasenflächen, Baumbestand und offene Ränder, die auch noch verschiedene ausgesuchte Stauden zulassen. Beeindruckend ist, wie diese unterschiedlichen Elemente miteinander verbunden wurden, um einen ungewöhnlich harmonischen Gesamteindruck zu schaffen.

Unmittelbar beim Haus befindet sich eine kleine plattengedeckte Terrasse. Sie gibt genügend Raum für eine Sitzgruppe und kann auf weitere architektonische Details verzichten.

Zwei flache Stufen führen in den eigentlichen Garten hinein und signalisieren, daß der jetzt betretene Raum ausschließlich von Pflanzen und nicht mehr vom Steinmaterial des eigentlichen Wohnbereichs beherrscht wird. Die Aufmerksamkeit des Beschauers gilt nun tatsächlich nur noch der Bepflanzung und ihrem räumlichen Gefüge.

Die Grundidee dieses Gartens ist der von dichtem Gehölz umstellte Rasen. Die Höhen- und Tiefenstaffelung sowie die damit verbundene besondere Lichtführung lassen sofort den Eindruck einer einladenden, absolut ruhigen Waldlichtung entstehen.

1 Kurzgeschnittener Zierrasen

2 Plattenbedeckte Terrasse

3 Randspaliere

4 Großes Pflanzgefäß mit hochwüchsigen Ziergräsern betont Wechsel der Ebenen

5 Kleinere Blumentöpfe mit Pelargonien bringen im Sommer lebhaftere Farben in die Anlage

6 Farne und andere Halbschatten- oder Schattenpflanzen gedeihen unter den hohen Bäumen prächtig

7 Stilvolle Gartenmöbel

8 Lavendel

Links: Wie eine Halskrause umgibt kletternder Efeu den Stamm des alten Apfelbaums. Dessen Laubdach wirft genügend Schatten, um verschiedene Farne üppig gedeihen zu lassen. Die Bepflanzung im Vordergrund und in den übrigen Gartenteilen wirkt so natürlich, als befände man sich mitten in der freien Landschaft.
Oben: Das hochwüchsige Ziergras (Miscanthus sinensis), hier eine panaschierte Form, wirkt wie ein grüner Springbrunnen und ist als Blickfang gedacht. Auf den Terrassenstufen davor befinden sich mehrere Blumentöpfe mit Geranien (Pelargonien). Ihre auffälligen Blütenstände bilden zum Steinwerk einen äußerst lebhaften Akzent. Sehr ornamental wirkende Vasen oder andere Gefäße sehen am vorteilhaftesten aus, wenn man sie überhaupt nicht bepflanzt. Diese Regel wurde hier mit Erfolg gebrochen.
□ Lavendel (auf der linken Seite sichtbar) entwickelt wundervoll duftende Blütenstände. Das silbriggraue Blattwerk hält sich eventuell sogar im Winter. Außer den lavendelblauen Sorten gibt es auch solche mit rosafarbenen, purpurnen oder sogar weißen Blüten. Lavendel eignet sich bestens für die Randgestaltung.

EIN HINTERHAUSGARTEN

Dieses Grundstück zeigt die typischen Abmessungen eines städtischen Hinterhausgartens, der von allen Seiten eingesehen werden kann. Dennoch kann man auch unter diesen zunächst eher ungünstig erscheinenden Bedingungen eine erfolgreiche Gestaltung realisieren. Gestaltungsziel war es, dem Besucher den Charme wildwüchsiger Vegetation vor Augen zu stellen. In diesem Garten gilt der Blick neuen optischen Erlebnissen und Entdeckungen in den Pflanzbeeten, nicht den Merkmalen der Nachbarhäuser. Um dieses vermeintlich so einfache Ziel zu erreichen, bedarf es durchaus einiger gärtnerischer Erfahrung. Außerdem ist gerade in diesem Fall Geduld angezeigt, denn es dauert mehrere Jahre, bis die Pflanzengrößen und Wuchshöhen den Wunschvorstellungen entsprechen.

Mit viel Geschmack wurde in diesem Garten die Blütenfarbe als Gestaltungsmittel eingesetzt. Rottöne dringen jedoch nicht allzu augenfällig durch. Ferner besticht die reichhaltige Auswahl an verschiedenen Blatt-Typen. Das zentrale Rasenstück ist groß genug, um einen Liegestuhl aufzustellen oder um als Spielfläche dienen zu können. Es wirkt aber weder beherrschend noch verloren.

Der Gesamteindruck zeigt weder Anklänge an einen verwilderten Dschungel noch an einen sich selbst überlassenen Naturgarten. Eher ist in vielen Einzelheiten die kontrollierte Auswahl und Zusammenstellung der Pflanzen spürbar.

Die Sitzgruppe nahe beim Haus wird von einem blühenden Kirschbaum überwölbt. Trotz einfacher Mittel wurde hier eine gemütlich wirkende Ruhezone geschaffen. Auch die übrigen Gartenteile im Bildbeispiel wirken kaum überladen. Die Gefahr, das Grundstück mit zu viel Ornamentik, Mauerwerk oder sonstiger Ausstattung zu befrachten, ist oft sehr groß. Die Bestückung eines Gartens sollte eher leicht untertrieben als zu luxuriös wirken. Die Bepflanzung rechts und links vom Rasenstück läßt den Charme einer gewissen Verwilderung erkennen. Besonders im Sommer, zur Blütezeit von Platterbsen, Lilien, Fuchsien und Frauenmantel, zeigt sich der Garten besonders wüchsig.

1 Wandbewuchs mit Waldrebe (Clematis x jackmanii)

2 Geschützt aufgestellte Sitzbank aus Holz

3 Hortensie (Hydrangea aspera ssp. aspera)

4 Staudenbeet mit Frauenmantel (Alchemilla mollis) und Akanthus (Acanthus spinosus)

5 Deckwerk mit Natursteinplatten

6 Rasenfläche

7 Kletterrosen

8 Großer Pflanztopf mit Fuchsien (frostfreie Überwinterung)

Die weiß gestrichene Tür des Gartenschuppens zieht den Blick über den sich verjüngenden Rasen und zwischen den Randbeeten hindurch bis in den Gartenhintergrund. In der Höhe zeigen die Pflanzen des rechten Beetes eine sehr schön gelungene Staffelung: Die weißblühenden Funkien werden von der Fuchsie und einer recht großen Hortensie überragt. Zusätzlich sind die aufrechten Blätter von Schwertlilien erkennbar. Zum Vordergrund hin folgen Weinraute (Ruta graveolens) und Frauenmantel (Alchemilla mollis). Auf der gegenüberliegenden Seite finden sich ebenfalls Schwertlilien im Verein mit Akanthus, einem buntlaubigen Hartriegel (Cornus alba 'Sibirica Variegata') und weißblühendem Ziertabak (Nicotiana alata). Diese Aufnahme entstand im Sommer. Früher in der Jahreszeit wäre vor allem die kleine Azalee im Bildvordergrund mit ihren spektakulären Blüten aufgefallen.

EIN GARTEN PASSEND ZUM HAUS

Die Gartenplanung erfordert mitunter besondere Rücksichtnahme – Rücksicht auf das zugehörige Wohngebäude. In diesem Fall wurde das Haus mit dem typischen Gestein der Region, Schiefer oder Bruchstein, erbaut und zeigt daher einen besonderen Charakter, den der Garten nicht verwischen sollte. Infolgedessen wurde vorzugsweise mit zurückhaltenden Grau- und Brauntönen gearbeitet. Auffällig gefärbte Pflanzgefäße oder Kunststoffteile wurden von vorneherein verbannt.

Die Bodengestaltung zeichnet sich durch besondere Vielfalt aus: Verschiedene Formen, Materialien und Strukturen wurden eingesetzt. Ausgesprochen detailreich ist auch die Bepflanzung. Die genaue Wegeführung ist dazwischen nur mit Mühe erkennbar. Der Garten wirkt dadurch um so interessanter.

Unter den mehr ornamentalen Zutaten fällt auf, daß mit vergleichsweise einfachen Mitteln gearbeitet wurde: Da steht eine ausrangierte Parkbank im Grün. Holzbalken begrenzen den Weg hangseitig. Ein paar Marmorabfälle ergeben einen auch optisch hervorgehobenen Sitz. Einzigartig sind die in einer besonderen Form gegossenen Betonscheiben als Wegematerial.

1 Ruhige, abgeschiedene Gartenecke

2 Ansteigender Gartenweg

3 Renovierte, grüngestrichene Parkbank

4 Erhöhtes Pflanzbeet mit Steineinfassung, mit Steingarten- und Polsterpflanzen

5 Betonscheiben zwischen hellen Kieselsteinen, in Mörtel fest verlegt

6 Halbkreisförmig geschwungenes, erhöhtes Pflanzbeet, davor Steinsitz aus Marmor

7 Steinstufen zur mittleren Gartenebene

8 Gartentreppe zum Wohnhaus

Oben: Erhöhte, mit Steingartenarten bepflanzte Beete vermitteln den Übergang zum Wohnhaus aus Naturstein. Die rosa-weißen Blüten der Akelei (Aquilegia vulgaris) harmonieren sehr schön zu den rosafarbenen Tönen der Grasnelke (Armeria maritima) und der Feder-Nelke (Dianthus plumarius). Gerade noch erkennbar ist der geschwungene Verlauf der Steineinfassung dieses Beetes.

Rechts: Alte, wiederverwendete Ziegelsteine bilden den Untergrund zur Sitzbank aus geglättetem Marmor. Die geschwungene Form des rückwärtigen Beetes erlaubt, diese Sitzgelegenheit aus dem Wegbereich herauszunehmen. Die übrige Bepflanzung dieses Beetes bildet eine sehr schöne, abwechslungsreiche Kulisse für die Bank. Die gesamte Linienführung in diesem Gartenteil ist ausgesprochen harmonisch abgestimmt. Der schon etwas größere Goldregen (Laburnum anagyroides) in der hinteren Bildmitte und der mit einem grünen Pflanzstock befestigte Schneeball (Viburnum spec.) betonen die Vertikale.

Oben: Bambusstangen wurden diagonal zusammengebunden und bilden ein dekoratives Spalier. Vor der weißen Wand bieten sie der Kletterrose und der Glyzine eine durchaus ungewöhnliche Kletterhilfe. Abwechslung bringen verschiedene in Töpfen gezogene Zwergkoniferen und ein großer Hirschzungenfarn.

Unten: Die halbverwitterten Reste eines Baumstubbens eignen sich für eine ausgesprochen dekorative Bepflanzung mit Walddickblatt (Chiastophyllum oppositifolium), einem recht auffälligen Dickblattgewächs, ferner mit Fetthenne, Steinbrech und Zwergwacholder.

☐ Wie bei allen Pflanzgefäßen müssen auch in diesen Stammrest einige Bodenlöcher zum besseren Wasserablauf gebohrt werden. Die ausgewählten Arten können dann direkt in gute Blumenerde gepflanzt werden.

RUND UM EINEN APFELBAUM

Obwohl mit mancherlei interessanten Details bestückt, zeigt dieser Garten einen klaren Orientierungs- oder Bezugspunkt: Mit dem Apfelbaum in der Rasenmitte erhält die Anlage gleichzeitig eine etwas romantisierende Ruhezone in der ansonsten recht lebhaft gestalteten Umrandung. Auf der kleinen Grundfläche ist eine Menge gestalterischer Erfahrung vereinigt worden. Außerdem sind Elemente unterschiedlicher Stilrichtungen zusammengeflossen – sicherlich ein gewisses Wagnis, aber in diesem Fall mit Erfolg durchgeführt. Im umlaufenden Pflanzbeet schwingt ein wenig von der Tradition des bunten Bauerngartens mit. Mit den in geschwungenen Linien verlegten Trittsteinen und den gerundeten Kieseln am Teichufer tauchen Stilelemente eines japanischen Gartens auf. Die auffälligste Strukturlinie des Gartens ist allerdings der umlaufende Steinpfad zwischen Rasen und Pflanzflächen. Er wirkt dekorativ, ist aber gleichzeitig auch funktionell. Die Wirkung ergibt sich aus seiner zweckbestimmten Schlichtheit. Die hierin verwendeten Steine werden heute schon von vielen Gartencentern angeboten. Um sie dauerhaft an Ort und Stelle zu halten, müssen sie in ein stabiles Mörtelbett verlegt werden. Auch kann man sie in bestimmten Mustern verarbeiten.

Ein besonderes Spalier begrenzt diesen Garten seitlich. Es wurde mit horizontalen Elementen verstärkt, um die Blicke aus der Nachbarschaft möglichst auszuschließen. Gleichzeitig sollte aber auch eine gewisse Transparenz bewahrt werden. Eine solche Mischung aus Spalier und Gartenzaun bietet auch etwas für Kletterpflanzen: Kletterrosen bilden innerhalb kurzer Zeit eine reichblühende grüne Kulisse von hohem dekorativem Wert. Auch der Falsche Jasmin (Philadelphus coronarius) lehnt sich an die begrenzende Holzkonstruktion an.

Die Besonderheit dieses Gartens ist der kleine Apfelbaum im Rasen, der von einer achteckigen Holzbank umfaßt wird. Noch ist der Baum relativ klein und erscheint schütter. Nach einigen Jahren wird er jedoch eine schattenspendende Krone entwickelt haben.
☐ Anstelle eines Apfelbaumes kann man ähnlich romantische Effekte auch mit anderen auffällig blühenden Vertretern der Rosengewächse erzielen. Dazu bieten sich verschiedene Arten und Sorten von Zierkirschen oder Zierpflaumen an, die allerdings keinen Obstertrag liefern.
☐ Bei der richtigen Wahl des Baumes sollte man natürlich auch seine Endgröße berücksichtigen, die er nach etlichen Jahren erreichen wird. Je nach Gartenabmessung empfiehlt sich ein Mittelstamm-Obstbaum, dessen Krone ohnehin durch regelmäßigen Schnitt in Form gehalten werden muß.

1 Abgeschiedene Sitzecke

2 Gartenteich, umrandet von Farnen und Steinen

3 Bogig verlegte Trittsteine in einem japanisch wirkenden Gartenteil

4 Steinband zwischen Rasen und Beeten

5 Kletterrosen am Holzspalier

6 Apfelbaum mit achteckiger Sitzbank

7 Ziegelmauer, mit Spalierwerk erhöht

8 Treppenstufen zur Rasenfläche

Oben: Gerundete Kiesel oder Schotter bilden eine sehr gefällige und ungewöhnliche, jedoch recht natürlich aussehende Begrenzung des Teichufers. Die Wasserfläche dieses Teiches ist völlig verdeckt mit Wasserlinsen (Lemna minor). Der Baumstamm trennt die tiefere Wasserzone von der randlichen Sumpfzone, von der auch ein Hirschzungenfarn (Phyllitis scolopendrium) und ein Wurmfarn (Dryopteris filix-mas) profitieren. Die reichblütige Strauchchrysantheme ist nicht winterhart.

Oben rechts: Kletterrosen überragen eine abwechslungsreiche Mischpflanzung mit Fingerhut, Hortensie, Funkie, Petunien, Strauch-Fingerkraut und Storchschnabel. Das große Tongefäß im Vordergrund wurde mit einer weißblühenden Glockenblume (Campanula isophylla) und einem kleinblättrigen Efeu bepflanzt.

Rechts: Die interessanten, weißen Blütenstände der Schleifenblume (Iberis sempervirens) überragen den grünen Teppich der bei uns nicht winterharten Korallenbeere (Nertera granadensis). Der Blutrote Storchschnabel (Geranium sanguineum), links oben, eignet sich auch als Bodendecker. Ab Juni bringt er sehr schöne, kräftig gefärbte Blüten hervor.

☐ Mit der Schleifenblume lassen sich sehr dichte, immergrüne Mauerbehänge an niedrigen Trockenmauern entwickeln. Auch im Stadtklima gedeiht die Pflanze sehr gut.

DIE SCHÖNHEIT DER HORTENSIE

In einem kleinen Garten kann schon ein einziges dekoratives Gartenmöbel einen ungemein effektvollen Blickfang bieten. In unserem Beispiel ist es eine weiße, eiserne Gartenbank am anderen Gartenende. Sie hat hier zusätzlich die Aufgabe, die Blicke durch die schöne Randbepflanzung gehen zu lassen und von den Gebäuden jenseits der Gartengrenze abzulenken.

Das überhängende Laubdach verschiedener Gehölze und die dichte, hochwüchsige Bepflanzung in Terrassennähe dienen eigentlich dem gleichen Zweck. Sie erschweren den Blick über die vielleicht zu nahe Grenze und konzentrieren auf den grünen Aktionsraum. Der Garten gewinnt dadurch die Eigenart einer abgeschlossenen, privaten, ja fast intimen Laube.

In einem solchen Garten kann eine reichblütige, frohwüchsige Hortensie eine bezaubernde Wirkung entfalten. Die großen, etwas glänzenden Blätter bestimmen den Aspekt des gesamten Vordergrunds, und die kräftigen, fast kugeligen Blütenstände bieten Farbe und Schauspiel bis in die Herbstwochen. Selbst nach der Blütezeit bleibt der dekorative Wert erhalten, denn auch die bräunlichen Rispen, die nach der Pracht des Sommers bleiben, haben ihren Charme. Und zu guter Letzt können sie gar für einen Trockenstrauß verwendet werden.

Im dargestellten Garten ist die Terrasse mit ihrer Sitzgruppe immer ein wenig schattig. Sonnenhungrige finden jedoch einen gewissen Ausgleich in der Rasenmitte oder auf dem Balkon im ersten Stockwerk.

1 Hortensien

2 Weißgestrichene Sitzbank als Blickfang

3 Stufen zum Rasen, eingefaßt von erhöhten, kurvig geschwungenen Pflanzbeeten

4 Gemischte Staudenpflanzung, unter anderem mit dem halbstrauchigen Johanniskraut (Hypericum calycinum)

5 Erhöhtes, halbkreisförmiges Pflanzbeet unterhalb eines Gartenfensters

Links: Eine geschmackvolle Markise und eine dichte grüne Kulisse gestalten diese Terrasse zu einem behaglichen Wohnraum außerhalb des Hauses. Die gelben Blüten steuert das halbstrauchige Johanniskraut (Hypericum calycinum) bei.

Links außen: Die beiden großwüchsigen Hortensien, die zur Rasenmitte drängen, verstellen etwas den Blick durch den gesamten Garten, steigern aber gerade dadurch das Raumempfinden. Der Betrachter erfährt zunächst nicht, was sich hinter den Sträuchern befindet. □ In einem kleinen Garten sollte der Rasen entgegen anderslautenden Empfehlungen tatsächlich kurz geschnitten werden, um zum Gesamtbild beizutragen. Eine kleine Rasenfläche eignet sich nicht für eine Wildblumenwiese. Diese würde in einem Garten dieses Zuschnitts ein sehr unruhiges, ungepflegtes Bild erzeugen.

Links: Dunkle Grüntöne bestimmen das Bild in Hausnähe. Waldreben (Clematis montana) und Efeu (Hedera helix) ranken an der hübschen Holzstiege zur oberen Etage empor. Die schmalen Blätter der Schwertlilie kontrastieren mit dem graugrünen Blattwerk der Weinraute (Ruta graveolens). Die seltene Kreta-Nessel (Ballota pseudodictamnus) hängt über die niedrige Grundmauer. Sie gedeiht nur in milden Klimagebieten und benötigt einen Winterschutz.

WILDNIS ZWISCHEN HAUS UND STRASSE

Vorgärten werden mitunter etwas vernachlässigt: Ein kleines Rasenstück, ein Baum oder ein paar Sträucher und allenfalls ein paar Zwiebelpflanzen für das Frühjahr sind oft schon alles. Es gibt dafür jedoch keinen vernünftigen Grund. Warum sollte man nicht auch einmal eine etwas ausgefallenere Lösung ansteuern? In unserem Beispiel ist ein Wildgarten gewählt worden, der das Wohnhaus hervorragend in Grün einbindet. Um das Gebäude von der Straße aus zu erreichen, führt ein nur schmaler Weg durch einen kleinen Dschungel von Grün. Er windet sich zwischen Taglilien und Hortensien hindurch über moosbewachsene Steinplatten und ziegelgepflasterte Abschnitte.

Eine solche Bepflanzung schließt das Wohngebäude nicht nur wirksam von der Straße ab, sondern dient auch als Schallschutz gegen Verkehrslärm. Außerdem kann sich die kontrollierte Wildnis am Haus schon bald als eine richtige Öko-Insel erweisen, in der sich auch Vögel und andere liebenswerte Kleintiere wohl fühlen. Man erreicht den Eindruck eines Naturgartens allerdings nicht in kurzer Zeit, da vor allem die Gehölze sich zunächst einmal zu ansehnlicher Größe entwickeln müssen. Letztendlich sieht der Garten völlig ungeplant und natürlich aus, obwohl die verschiedenen Funktionsbereiche wie Wege, Sitzecken oder Stellflächen durchaus rechtzeitig zu berücksichtigen sind.

1 Kräuter und Bodendecker in Mischpflanzung

2 Weißbirke (Betula pendula)

3 Schmaler Gartenpfad mit Steinplatten und Ziegelpflaster

4 Robinie oder Falsche Akazie (Robinia pseudoacacia)

5 Zugang von der Straßenseite

Verwunschen wirkt der Garten dieses Vorstadthauses mit seinem nuancenreichen Laubvorhang. Die schon größeren Bäume spenden Schatten und Sichtschutz, vor allem die Weißbirke in der Bildmitte.

□ Weiß- oder Hängebirken (Betula pendula) erreichen über 30 m Wuchshöhe. Es gibt für gärtnerische Zwekke jedoch auch etwas kompaktere Formen.

Ein duftender Zugang zum Haus – der Weg von der Straße über das Gartengrundstück zum Wohngebäude führt unmittelbar durch die Aromakräuterekke. Hier wachsen Zitronenmelisse, Thymian, Bohnenkraut, Dost, Wermut oder Salbei zu beiden Seiten des schmalen Pfades. Die überhängenden Baumäste gehören zu einer Weißbirke (vorn) und einer Robinie (hinten).

FARBTUPFER

Sicher bietet sich auf manchen Grundstücken auch die Möglichkeit zur Anlage eines sehr verspielten, romantischen Gartens, der die Sinne und Gefühle unmittelbar anspricht. Im abgebildeten Beispiel wurde erst gar nicht der Versuch unternommen, an irgendeiner festen, logischen oder vielleicht auch zu strengen Planvorgabe festzuhalten. Dieser Garten wird in sehr unbekümmerter Weise von Farbtupfern durchsetzt. Weiß, Rot und Rosa sind die bevorzugten Farbeindrücke. Fast erinnert diese Gestaltung an den Pointillismus, eine besondere Maltechnik, bei der das Bild durch eine Unzahl einzelner Farbpunkte aufgebaut wird.

In der Bepflanzung würden großlaubige, auffällige Arten gewiß als störend empfunden. Statt dessen wurden überall nur feine Strukturen verwendet, kleinblättrige, etwas zerbrechlich wirkende Pflanzen von lichter, luftiger Schönheit. Diesem Stil fügt sich auch der kleine Bogen ein, der den Kletterrosen als Stütze dient und gleichzeitig den Rasenteil von einem ziegelgepflasterten Gartenteil abtrennt. Er wurde aus dünnen Metallstäben und nicht aus gröberen Kanthölzern gefertigt.

Vom Frühsommer bis in die Herbstwochen entwickelt sich auf dieser kleinen Fläche ein bezaubernder Duftgarten. Während der Blütezeit bestimmen die Rosen den Gesamteindruck. Ab Spätsommer wechselt die Szenerie. Jetzt bilden die reifenden Hagebutten die auffälligsten Farbtupfer. Und zuletzt verfärbt sich das Blattwerk vor dem Laubfall und taucht den Garten in verschiedene Goldgelbtöne.

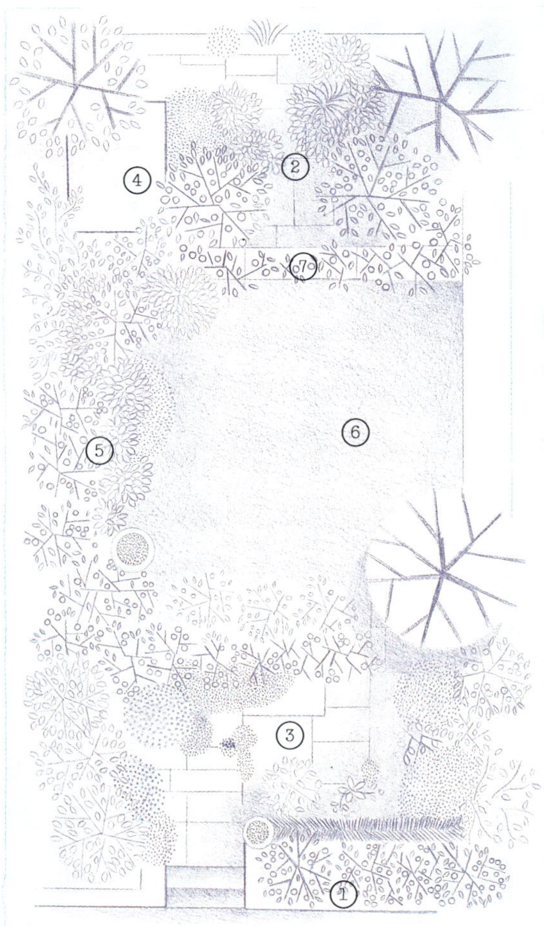

1 Spalier oder Klettergerüst für weiße Kletterrosen an der Hauswand

2 Mit Platten ausgelegter Gartenteil mit bunter Mischbepflanzung

3 Mit Steinplatten belegte Gartenterrasse am Haus mit kleinwüchsigen und bodendeckenden Arten

4 Gartenschuppen zur Geräteaufbewahrung

5 Randbepflanzung mit niedrigen bis mittelhohen Kräutern und Stauden

6 Rasenstück

7 Metallgerüst in Bogenform für die rosablühenden Kletterrosen der Sorte 'Händel'

Die kräftigen Blüten der traditionellen Rosensorte „Händel" verstellen bereits weitgehend den Blick in den hinteren Gartenteil, in dem – völlig unsichtbar – auch noch ein kleiner Geräteschuppen untergebracht wurde. Noch dramatischer würde diese Ansicht ausfallen, wenn man statt der rosablühenden eine kräftig rote Kletterrose verwendet hätte.

□ Die Farbeffekte solcher Rosen können sogar noch gesteigert werden, wenn in ihrem Hintergrund blaublühende Arten (z. B. Clematis) verwendet werden. Blau ist ein Farbeindruck, der Distanz schafft, während sich Rottöne immer etwas in den Vordergrund zu schieben scheinen.

Oben: Eine einfache, aber dennoch ornamental aussehende Pflanzschale wurde mit kleinblättrigen Pelargonien und mit weißem Steinkraut bepflanzt. Sie wird umgeben vom reichen Blütenflor verschiedener Pfingstrosen in Weiß, Rosa und Rot, von den auffälligen Blüten eines Strauchmohns (Romneya coulteri) (verlangt einen geschützten warmen Standort und guten Winterschutz) und von den zahlreichen weißen Blüten einer Winde (Convolvulus cneorum) (nicht winterhart).

☐ Gefüllte Pfingstrosen oder Paeonien blühen wesentlich länger als die ungefüllten, einfachen Sorten. Für Schmetterlinge oder Bienen sind diese züchterisch verfremdeten Blüten allerdings nicht zugänglich und daher ohne ökologischen Effekt. Paeonien gedeihen nur an sonnigen, offenen Stellen, die im Tagesgang auch schon einmal Halbschatten erhalten.

Rechts: Die großen weißen Blüten der Glockenblume (Campanula lactiflora) ergänzen sich vorteilhaft zur hochwüchsigen Rose im Hintergrund. Die Bauerngartenatmosphäre dieses Gartenteils wird unterstrichen durch die Vordergrundbepflanzung mit Schleierkraut, Grasnelke, Kreuzkraut und Steinkraut.

GARTENTEICH GEOMETRISCH

Der großzügig angelegte, L-förmige Gartenteich und die mit klaren Formen darauf bezogene Terrasse stehen im Wettbewerb mit der ungewöhnlich dichten, fast schon palisadenartigen Bepflanzung. Ohne die Auflockerung durch Teich und Terrasse würde dieser Garten mit seiner Mauer aus Grün gewiß sehr beengend und bedrückend wirken.

Der Wasserspiegel liegt etwas höher als der Terrassenboden. Das Spiel der Reflexion ist dem Auge somit näher. Von Fischbesatz sollte man absehen. Statt dessen könnten weitere Wasser- und Schwimmblattpflanzen eingebracht werden, ohne daß die dekorative Wirkung des Wassers aufgehoben wird. Sehr vornehm wirken die graurosa gehaltenen Farbstellungen der Terrassenplatten und der Teicheinfassung, wobei das Mauerwerk jedoch aus verschieden großen Feld- oder Bruchsteinen besteht.

Im rückwärtigen Teil des Teichs wurde ein Röhricht mit betonten vertikalen Linien nachgestaltet. Die dominierende Pflanze ist hier das Pfeilkraut (Sagittaria sagittifolia) mit seiner ausgefallenen Blattform. Im Frühsommer geben die kräftig gelben Blüten der Sumpfdotterblumen (Caltha palustris) einen lebhaften Farbkontrast. Für den späteren Sommer können verschiedene Ligularia-Arten diese Aufgabe übernehmen. Roter Hibiscus rundet die eigentlich sehr sparsam eingesetzte Farbwirkung in diesem abgeschlossenen Garten effektvoll ab.

Im Frühling beleben die rings um den Teichrand gepflanzten Tulpen mit ihren weißen, hellroten und gelben Farbgruppen das Bild. Die langen Blütenstiele kontrastieren zur Horizontalen der dunklen Wasserfläche.

1 L-förmig angelegtes Wasserbecken

2 Erhöhtes Pflanzbeet

3 Pfeilkraut (Sagittaria sagittifolia)

4 Mahonie (Mahonia nervosa) oder die für unser Klima besser geeignete Mahonia bealei

5 Sitzgruppe mit Tisch und Stühlen

6 Clivia nobilis im Blumentopf

7 Columnea im Blumentopf

8 Farbgruppen aus Tulpen für den Frühjahrsaspekt

9 Raum für Schwimmblattpflanzen (Seerosen oder Laichkraut)

10 Gehweg zum Wohnhaus

Im Sommer erscheint der Gartenteich eingebettet in eine wüchsige, dichte Kulisse aus Grün, die nur hier und da ein wenig von Farbeffekten durchbrochen wird. An der vorderen Teichbekkenecke scheint eine rotblühende Columnea auf die Terrasse zu fließen. Ihr steht ein rotblühender Hibiskus in der rechten Randbepflanzung gegenüber. Die gelbblühenden Ligularien im Hintergrund setzen die intensive Blühphase der Sumpfdotterblumen fort. Die verwendeten Blattformen reichen von den eigenartigen Spitzen des Pfeilkrautes (*Sagittaria sagittifolia*) und den fadendünnen Strahlen eines Ziergrases in der rechten Beckenecke (*Pennisetum orientale*) bis zu den kräftigen, zusammengesetzten Blättern der Mahonie in der linken Randbepflanzung. Der linke Beckenrand könnte auch mit verschiedenen Farnen sehr ansprechend gestaltet werden.

Die überhängenden Blätter und Blütenstände von Pennisetum orientale erinnern an eine kleine Wasserkaskade. Für die Becken- oder Teichrandbepflanzung sind sie daher vorzüglich geeignet. Ähnlich ist auch die Hänge-Segge (Carex pendula) oder der Blaustrahlhafer (Helictotrichon sempervirens) zu bewerten.

Zarte vertikale Linienführung zeichnet die Bepflanzung in diesem Bereich des Gartenteiches aus. Die hübschen rosafarbenen Tulpen werden ergänzt durch verschiedene Röhrichtpflanzen im Wasser (Schilf, Rohrkolben, Seebinse oder auch Papyrus wären geeignet). Diese Strukturen lockern die strenge Formgebung des Beckengrundrisses wirksam auf.

Im Schutz des Gartenzaunes zeigt der rote Hibiskus seine auffälligen, ansehnlichen Blüten. Auf dem kleinen Mauervorsprung können im Wechsel blühende Topfpflanzen aufgestellt werden.

☐ Chinesischer Roseneibisch (Hibiscus rosa-sinensis) ist ein laubwerfender Zierstrauch mit glänzenden, dunkelgrünen Blättern. In unserem Klima ist er nicht winterfest, sondern muß frostfrei im Kalthaus überwintert werden. Die imposanten Blüten sind in jedem Fall kurzlebig.

Rechts: Mengen von Fleißigem Lieschen überwallen den Beckenrand und berühren fast die Wasserfläche. Diese Pflanzen sind auch für relativ schattige Stellen bestens geeignet. Die Clivia im Bildvordergrund bringt große orangegelbe Blüten hervor. Sie wirkt jedoch auch mit ihrem aparten Blattwerk.

DER GARTENKANAL

Die Besonderheit dieses Gartenentwurfes besteht darin, daß überwiegend sehr robuste, schwergewichtige Elemente miteinander kombiniert wurden: Dicke Holzschwellen, Ziegelmauerwerk, Kiesschüttung und ein breiter Wasserkanal sind dem Blick offen zugänglich, um ihre Kontraste und Unterschiede voll zur Wirkung zu bringen. Verschiedene regelmäßige Elemente von überschaubarer, schlichter Geometrie ergeben ein Ensemble von bemerkenswerter Asymmetrie und Ausgewogenheit.

Zu den üblichen Gartenbecken oder Gartenteichen wurde hier eine originelle Alternative gefunden: Das Wasser läuft über eine kleine Stufe in einen L-förmigen Kanal, dessen beide Schenkel unterschiedlichen Stufen angehören. Der Wasserzulauf ist eine alte, hier sehr effektvoll eingesetzte Handpumpe. Dadurch werden gleich mehrere weitere Wirkungen erzielt: Das Plätschern oder Rauschen des Wassers, seine Fließbewegung und Spiegelungen oder die kleine Kaskade beim Stufenübergang bringen interessante und neue Erfahrungen, wenn man sich auf der Terrasse bewegt.

Zwei Holzstege überspannen den kleinen Wasserlauf. Eine stilisierte Statue vor der Umzäunung setzt einen klaren Akzent. Auch in einem kleinen Gartengrundstück können vergleichbare Ideen ohne weiteres umgesetzt werden.

Wenn die Kiesschüttung über einer Folienlage aufgebracht wurde, die unerwünschten Aufwuchs fernhält, ist die gesamte Anlage bemerkenswert pflegeleicht, da ja auch in den übrigen Teilbereichen nur wenige Pflanzen verwendet wurden.

1 Gartenschuppen oder Unterstellraum

2 Rotlaubiger Perückenstrauch von stark betonender Wirkung

3 Efeu und andere Kletterpflanzen unterbrechen die Monotonie des dichten Holzzauns

4 Holzschwellen, in den Kiesgrund eingelassen

5 L-förmiger Wasserkanal

6 Kissenförmig wachsende Bodendecker oder Kriechpflanzen

7 Kleine Wasserkaskade

8 Yucca im Pflanztopf

9 Statue

10 Größere Gruppe von Montbretien (Crocosmia crocosmiflora) in Wassernähe (Winterschutz erforderlich)

11 Alte, gußeiserne Wasserpumpe als Einlauf

12 Holzstege

Oben: Holzschwellen im Kiesgrund bilden einen gewissen Gegensatz zum Ziegelmauerwerk, nehmen aber die Formen der Stege und des Zaunes wieder neu auf. Außerdem tragen sie gelungen zur Verschmelzung der so unterschiedlichen Materialien bei.

Oben: Agave (Agave americana) und Neuseeländischer Flachs (Phormium tenax) bieten interessante Blattformen und Farbeffekte, gerade auch gegenüber dem unruhigen Hintergrund der Kiesschüttung. Beide Pflanzen müssen als Topf- oder Kübelpflanze im Winter hereingenommen werden.

Links: Eine alte gußeiserne Handpumpe wurde zum Gartenobjekt.
Bei der Auswahl solcher Objekte sollte man immer auch ihre Wirkung im Blick auf die übrigen Schmuckbestandteile eines Gartens berücksichtigen. Nicht immer erweist sich die Kombination von ultramodernem Gartendesign mit traditionellen Werkstücken als eine glückliche Lösung.

KREISRUNDE GARTENBECKEN

Durch die geschmackvolle Abstimmung seiner Bestandteile wirkt dieser schon eher hofartige Hausgarten ausgesprochen ruhig und zurückhaltend. Zentraler und zunächst beherrschender Bestandteil ist ein relativ großes, ideal kreisrundes Becken – eine Form, die früher allenthalben als Grundriß für Springbrunnen oder Gartenteiche gewählt wurde. Die Kreisform wird zusätzlich zu ihrem Farbkontrast zur Umgebung auch noch dadurch betont, daß der Rand mit radial gestellten, ohne Mörtel verlegten Ziegelsteinen etwas erhöht wurde. Die kleine Wasserfontäne in der Beckenmitte und die davon erzeugte Unruhe auf der Wasserfläche ist für diesen Garten ein völlig ausreichender Bewegungsvorgang.

Außer dem Becken enthält der Garten drei Säulen als sehr stilvolle und attraktive Dekoration, die sich als besondere architektonische Details sehr harmonisch in den Gesamtplan einfügen. Mit den ornamentalen Säulen werden gleichzeitig geradezu klassische Bauteile in den Gartenentwurf aufgenommen.

Der Gartengrundriß ist streng symmetrisch. Ein kleinerer Gartenteil wird durch einen Vorsprung der Pflanzstreifen optisch und räumlich abgetrennt. Die Randbepflanzung besteht nur aus besonders ausgewählten Einzelstücken in einem schmalen, verhältnismäßig pflegeintensiven Rasenstreifen. Durch die Bepflanzung nur teilweise sichtbar ist ein hoher, relativ kompakter Holzzaun, der mit Efeu behangen ist. Er bietet Schutz vor neugierigen Einblicken.

Die Elemente dieses Entwurfs können auch verselbständigt und dann beispielsweise für die Gestaltung eines kleinen Vorgartens verwendet werden.

1 Gartenhaus

2 Rasenstreifen

3 Kreuzkraut (Senecio greyi) als Bodendecker (nicht winterhart). Als winterharter Ersatz bietet sich das immergrüne Heiligenkraut (Santolina chamaecyparissus) mit seinem silberfilzigen Laub an

4 Ornamentale Säulen zum Aufstellen von Pflanzschalen

5 Feuerdorn, Kletterrosen, Rittersporn und Glockenblume sorgen für wechselnden Sommeraspekt

6 Feinkörnige Kiesauflage

7 Parkrose mit blaßrosa Blüten 'Madame Grégoire Staechelin'

8 Beckenrand mit Ziegeleinfassung

9 Springbrunnen

10 Glyzine (Wisteria sinensis) an der Hauswand

Oben: Die Säule als klassisches Architekturelement wird hier als Ständer für Pflanzschalen verwendet. Die Pflanzung besteht aus Sukkulenten, die mit den trocken-warmen Bedingungen ihres Standortes zurechtkommen und keine zusätzliche Bewässerung benötigen. Rittersporn und Taglilien bringen lebhaftere Farben in diesen Gartenteil, nehmen gleichzeitig aber auch die betont vertikalen Linien verstärkend auf.

Rechts: Die Ornamentsäule ist als Blickfang fast noch wirksamer als der runde Springbrunnen. Sie lenkt die Aufmerksamkeit zudem vom kleinen Gartengebäude im Hintergrund ab. Am Säulenfuß wurden zwei verschiedene Funkien-Arten (Hosta plantaginea und H. crispula) neben einem gelbblühenden Kreuzkraut (Senecio greyi) im Topf oder Kübel verwendet. Überaus apart wirkt die hübsch gewachsene Kletterrose mit ihren zahlreichen weißen Blüten. □ Funkien sind beliebte Zierpflanzen, nicht nur wegen ihrer meist hübsch geformten und gezeichneten Blätter, sondern auch wegen der reichblütigen Blütenstände in Weiß oder Hellila. Die Aufnahme entstand vor der Blütezeit dieser Pflanzen.

WASSER, STEIN UND HOLZ

Mit sehr aufwendigem Material und großer Liebe zum Detail wurde in diesem Beispiel ein streng ornamentales Gartengewässer geschaffen. Im Gegensatz zu anderen Gartengestaltungen wurde hier kein Versuch unternommen, um den Gewässerrand mit überhängenden Staudenpflanzungen oder Strauchwerk zu verdecken. Statt dessen treten die einzelnen Gestaltungselemente mit klaren geometrischen Formen unübersehbar hervor: Da fällt beispielsweise die quadratische Pflanzinsel ins Auge, an der ein geradezu spektakulärer Gartenweg mit hellen Trittplatten vorbeiführt. Neben Wasser und Stein ist Holz ein bevorzugtes Gestaltungsmittel. Holzkonstruktionen werden in den weißen Gartenpavillons ebenso sichtbar wie in der phantasievollen Pergola, dem Gartenzaun, dem Pflanzkasten am Beckenrand und selbst in der ungewöhnlichen Einfassung des Zierrasens.

In der Bepflanzung wurden verschiedene Grünnuancen gegenüber auffälligen Blütenfarben sichtlich bevorzugt. Ein kräftiges Gelb übernimmt die Palisaden-Wolfsmilch (Euphorbia characias, Foto S. 73 rechts oben) von der früher blühenden Mahonie (Mahonia japonica oder M. bealei). Für die Wolfsmilch ist ein Winterschutz erforderlich.

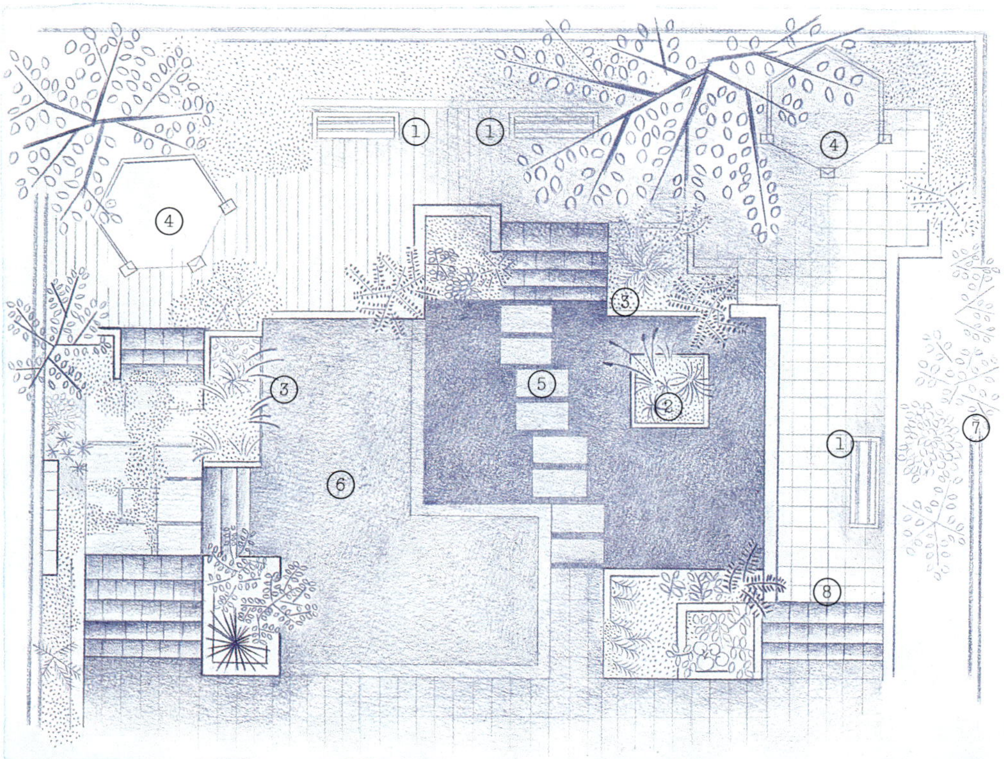

1 Holzbänke

2 Pflanzinsel mit Holzrahmen

3 Pflanzbeet mit Holzverschalung

4 Gartenpavillons

5 Trittsteine zum Queren des Beckens

6 Rasenstück

7 Zaun- und Spalierteile an der Grenzmauer

8 Pergola

Mit dunklen Schieferplatten wurde der Übergang von der hellen Plattenkalktreppe zur holzverkleideten Ebene gestaltet, auf der der weiße Pavillon steht. Zwischen den Schieferplatten sind die Zwischenräume groß genug, um das Wachstum kleiner Polsterbildner zu ermöglichen. Grün- und graublättrige Arten finden sich hier als Kontrast zum hellgrünen Laub der Robinie, die sich auch gegen den übrigen Hintergrund in jedem Fall stärker abhebt.

☐ Schieferplatten wirken bei Nässe noch dunkler und betonter. Auch das Holz nimmt dann eine kräftigere Tönung an, wie die Abbildung zeigt.

Links: Die hellen Trittplatten aus poliertem Kalkstein sind paarweise symmetrisch angeordnet worden, um den Grundplan nicht zu regelmäßig erscheinen zu lassen. Die anschließenden Treppenstufen und die Bodenverkleidung im Bereich des Pavillons sind aus dem gleichen Material gefertigt. Gleichzeitig zeigt dieser Ausschnitt die zahlreichen Verwendungsmöglichkeiten des vielfarbigen Baustoffs Holz. Der weiße Pavillon kann auch der Lagerung oder Bevorratung dienen.

Oben: Wie von einem Schiffsdeck mit hölzerner Reling schaut man von der Pergola auf das Doppelrechteck des Wasserbekkens. Im Geländer der Pergola kehren Formelemente wieder, die auch der aufwendig gestaltete Gartenzaun im Hintergrund zeigt. □ Nach einiger Zeit könnten Zaun und Pergola völlig unter Grün verschwinden. Sie könnten aber auch als rein architektonische Zutaten zum Bild des Gartens beitragen.

QUADRATISCHE TEICHE

Gerade für kleinere Grundstücke empfiehlt sich die Planung von zwei getrennten Teichen an Stelle eines größeren Gartengewässers, das angesichts der Raumverhältnisse vielleicht zu dominant wirken könnte. Mit zwei getrennten Kleinteichen oder Bekken lassen sich geradezu sensationelle Effekte erzielen, wie die Bildbeispiele zeigen. Zwischen den beiden Becken wurde eine Schatteninsel geschaffen, in der entsprechende Pflanzenarten eingesetzt werden können. Die hochwüchsigen Astilben dieser Teilfläche verhindern zudem, daß das Auge das jenseitige Gartenende zu rasch und unvermittelt wahrnimmt.

Dieser Plan verfolgt die Regel, daß die Beckenränder durchaus formal betont vortreten können und nicht unbedingt hinter Bewuchs zu verstecken sind. Ein Gartenteich muß entweder geometrisch aussehen oder wie ein natürliches Gewässer gestaltet sein. Stilvermengungen bringen meist kein gutes Ergebnis.

Die Bepflanzung ist ausgesprochen arten- und typenreich. Sie vereinigt auf interessante Weise Stauden, Sträucher und Bäume. Auch dadurch ist es schwer, die Abmessungen des Gartens sofort abzuschätzen.

Rechts: Die Iris-Hybriden im Bildvordergrund sind zur Blütezeit ungemein eindrucksvolle Schaustücke. Gleichzeitig blühen im Hintergrund die Gelben Schwertlilien (Iris pseudacorus) – allerdings nur für relativ kurze Zeit, ebenso wie die Clematis an der Ziegelmauer. Der gelbblühende Strauch, Fremontodendron californicum, eignet sich nur für sehr wintermilde Lagen, kann allerdings im Kalthaus überwintert werden. Seine Blütezeit reicht weit in den Sommer hinein. Wenn die Schwertlilien abgeblüht sind, liefern der Fieberklee im Teich oder auch die Seerosen neue farbbetonte Aspekte.

1 Laubwerfende Magnolie (Magnolia soulangeana)

2 Fächerahorn (Acer palmatum)

3 Pan-Statue

4 Gartenform der Deutschen Schwertlilie (Iris germanica-Hybriden)

5 Quadratische Becken

6 Kletterrebe (Clematis-Hybride 'Lasurstern')

7 Spalier bringt Abwechslung zur Ziegelmauer

8 Vogeltränke

9 Astilbe (rot, rosa oder weiß)

10 Bodendeckwerk aus rechteckigen Steinplatten

11 Pflanzkübel mit weißen Petunien und Strohblume (Helichrysum petiolare)

Rechts: Farb- oder Formeffekte im Garten sind trag- und verstellbar, wenn die betreffenden Pflanzen in Kübeln oder anderen formschönen Gefäßen gezogen werden. Die weißen Petunien blühen bei guter Pflege bis in den Spätsommer hinein. Tradescantia mit rosafarbenen Blüten durchbricht im kleinen Pflanzbeet einen Teppich von Zwergthymian. Besonderes Interesse verdient der ungewöhnliche, dunkellaubige Klee im Bildvordergrund. Im hinteren Teil des Gartens ist zwischen Astilben und der großblättrigen Japanischen Anemone (Anemone-Japonica-Hybride) eine kleine Panfigur als Blickfang sichtbar.

EIN SCHMALER GARTENTEICH

Ungewöhnliche Effekte und Empfindungen voll interessanter Spannung sind unter anderem durch die geschickte Verwendung von Material zu erreichen, das keine regelmäßigen Formen aufweist. In unserem Beispiel besteht zunächst einmal ein offensichtlicher Gegensatz zwischen den ziemlich informell verlegten Steinplatten der unterschiedlichsten Umrisse und der einfachen, eleganten Geometrie des Teichbeckens, das fast wie ein Tempelgrundriß wirkt. Stellenweise blieben größere Zwischenräume im Plattenwerk. Dort gedeihen nun farbenfrohe Steingartenpflanzen. Die Umrahmung der gesamten Anlage bildet eine recht dichte Bepflanzung aus immergrünen und sommergrünen, aber kleinlaubigen Pflanzen.

Im Wasser ziehen natürlich die Seerosen die Blicke auf sich, unterstützt von weißer Zantedeschia und einer Brunnenfigur (vgl. S. 79). Besonders geeignet für sehr flachgründiges Wasser sind Nymphaea-Hybriden wie 'Laydekeri Purpurata' u.a. In tieferem Wasser gedeihen besser Nymphaea Marliacea-Sorten, von der die gelbblühende Form 'Chromatella' besonders erwähnenswert wäre.

Einfachheit und gute Proportionen sind das Geheimnis dieses gelungenen Gartenteichs. Die Verwirklichung der gerundeten Schmalseiten war schwieriger, als es im Ergebnis aussieht.

1 Seerosen-Pflanzgruppen

2 Flache Stufen zum oberen Gartenteil

3 Ziertabak (Nicotiana alata) und andere Sommerpflanzen an der Sitzecke

4 Steingartenpflanzen in den Lücken zwischen den Natursteinplatten in lockerem Verbund

5 Dekorative Steinbank

6 Leicht erhöhter Patio-Teil des Gartens

7 Brunnenfigur (vgl. S. 79)

Zur streng formalen Gestaltung des Gartens paßt hervorragend eine Steinbank mit ebensolchen Stilmerkmalen: Zwei liegende Fabelwesen tragen eine mit Profilen versehene Steinplatte. Die schattige und daher immer auch ein wenig kühle Steinplatte dient weniger als Gartensitz- oder -ruheplatz, sondern ist lediglich Schmuckstück und Blickfang. Zwischen Ziegelmauer und Beckenrand setzt die Karthäusernelke (*Dianthus carthusianorum*) einen bescheidenen, aber unübersehbaren Farbakzent. Rechts wird der Blick begrenzt durch die elegante *Zantedeschia aethiopica*, einer häufig kultivierten Verwandten von Flamingoblume und Aronstab.

□ Im Gegensatz zu den verschiedenen Seerosen-Varietäten, die im Teich überwintern können, müssen Pflanzen wie die schmucke Zantedeschia in eigenen Pflanzgefäßen kultiviert und während der kalten Jahreszeit ins Haus genommen werden. Um die Gesamtwirkung nicht zu beeinträchtigen, sollte auch nicht mehr als eine besonders formschöne Gruppe dieser Pflanzen verwendet werden.

Ausgesprochen formschöne und reich verzierte Terracotta-Gefäße passen nicht nur in den sehr formal gestalteten Garten, sondern sind fast immer ein beliebtes Mittel, um Übergänge (beispielsweise zwischen verschiedenen Ebenen, zwischen Wand und Bodenniveau oder entlang von Treppenaufgängen) zu schaffen. Die beiden abgebildeten Stücke sind bepflanzt mit der buntlaubigen Strauchveronika (Hebe-Audersonii-Hybride) und mit dem rotfrüchtigen Korallenbäumchen (Solanum capsicastrum), einem Verwandten unserer Kartoffeln und Tomaten. Die Früchte sind ungenießbar, jedoch ein hübsches dekoratives Element. Die Hintergrundbepflanzung besteht aus Efeu und einer Jungfernrebe (Parthenocissus henryana). Diese Jungfernrebe ist nicht winterhart und bestenfalls für sehr geschützte Lagen geeignet. Als Ersatz bietet sich Parthenocissus quinquefolia var. engelmannii an.

Links: Ähnlichkeiten zwischen Pflanzen und künstlerischem Ornament sind ein sehr wirkungsvolles und fast immer gelingendes Stilmittel. Die weißen Hochblätter der Zantedeschia, die tütenförmig gefaltet sind, finden ihre Entsprechung in der hornblasenden Brunnenfigur. Farblich stimmen in dieses optische Konzert auch die roten Seerosen (Nymphaea-Hybride 'Froebeli') mit ein. Diese Züchtung eignet sich auch für sehr kleine Gartenteiche oder Wasserbecken.

Oben: Auf diesem großen Steinblock wurde ein kleiner Stein-oder Alpengarten eingerichtet. Dabei wurden in die Löcher eines Kalktuffsteines eingepflanzt: oben ein polsterbildender Steinbrech (Saxifraga spec. aus der Sektion Porophyllum), darunter Fetthenne (Sedum spathulifolium) und ganz unten ein Igelpolster (Acantholimon androsaceum). An der Basis finden wir das anhaltend blühende Zimbelkraut (Cymbalaria muralis). □ Steinbrech-Arten für solche Bepflanzungen gibt es in großer Artenauswahl. Meist entwickeln sie rundliche, aber tief eingeschnittene Blätter und rote, rosafarbene, weiße oder gelbe Blüten.

DAS SCHWIMMBECKEN

In Gegenden mit zuverlässigem Sonnenschein und viel sommerlicher Wärme kann man die verfügbare Gartenfläche eventuell für die Einrichtung eines Swimmingpools einplanen. Auch hierbei sind gartenarchitektonische Überlegungen für den gestalterischen Erfolg sinnvoll.

Eine stilsichere Planung wird nur hochwertiges Material vorsehen und bestimmt Abstand davon nehmen, überflüssige Schnörkel und Verzierungen in den Entwurf zu übernehmen. Vor allem bedarf auch die Auswahl der Pflanzen einer geschickten Hand.

Man sollte der Versuchung widerstehen, die großen Freiflächen mit dichten Bepflanzungen aus kleineren, reichblütigen Arten zu bedecken, sofern man nicht auf der anderen Seite ständige Probleme mit der Wasserqualität im Becken in Kauf nehmen will. Winzige Pflanzenteile wie Samen, Früchte, Blattfragmente u. a. geraten leicht in das Wasser und blockieren sehr schnell die Filteranlage. Diese Gefahr ist bei großblättrigen, immergrünen Arten in sicherer Randbepflanzung weniger groß. Daher wurden hier mit Bambus, Yucca, Neuseeländischem Flachs und wenigen anderen Pflanzen die sicherlich geeigneten Arten ausgewählt.

Oben: Der rotlaubige Fächerahorn (Acer palmatum) und die hochwüchsige Yucca im Hintergrund bieten einen denkbar großen Kontrast der Blattform und -farbe. Die großen runden Steine finden ihre Entsprechung in der Bodenabdeckung der Pflanzgefäße. Am Haus bilden sie einen optischen Schwerpunkt, der die Pflanzgefäße zusätzlich einbezieht. Die Fußmatte dient primär sicher praktischen Zwecken, kann aber in diesem Fall auch als Dekoration verstanden werden.

1 Staudenbepflanzung im ziegeleingefaßten Trog

2 Überdachter Raum für Feste oder Gartengrill

3 Bambuspflanzung, mit großen und kleineren Dekorationssteinen umlegt

4 Plankenwerk, in unterschiedlicher Richtung verlegt

5 Pflanzen in dekorativen Gefäßen: die Pflanzerde kann nicht in den Swimmingpool gelangen

6 Neuseeländischer Flachs (Phormium tenax)

7 Fächerahorn (Acer palmatum)

Unten: Die sehr wirksame Kombination großer, gerundeter Steine mit isoliert stehenden Pflanzgefäßen wird auch an der Hauswand nahe der Ziegelplattform aufgenommen: Hier steht eine schön gewachsene Schefflera. Sie schließt gleichzeitig das schmale Pflanzbeet vor dem Hausfenster ab. In diesem eingefaßten Beet befindet sich auch ein Teil der Außenbeleuchtung.

Das aufwendige Plankenwerk, das den Swimmingpool umgibt, erinnert in seinen konstruktiven Merkmalen ein wenig an ein Schiffsdeck, mit dem Unterschied, daß hier die Langhölzer auf Abstand verlegt wurden. Die Verlaufsrichtung ist an allen Seiten des Pools anders gewählt worden, wodurch sich eine gewisse ornamentale Wirkung ergibt. Unterstützt wird dieser Effekt durch eine leichte Stufung der beplankten Ebenen.
Die eleganten, längsstreifigen Blätter des Neuseeländischen Flachs stehen in lebhaftem Gegensatz zum eher kleinlaubigen Bambus an der Poolecke.

□ Um die Verschleppung von Blumenerde in den Swimmingpool zu verhindern, wurden alle Pflanzflächen – auch die großen Pflanzgefäße – mit größeren Rundsteinen abgedeckt. Zusammen mit den großen Rundblöcken tragen sie sehr zur Gesamtwirkung bei.

□ In sehr warmen Klimazonen wirkt die blaue Farbe des Beckens ausgesprochen erfrischend und einladend, dagegen kalt und abschreckend in gemäßigten oder klimatisch benachteiligten Gebieten. Hier sollte eventuell ein Anstrich in wärmeren Tönen gewählt werden.

SYMMETRIE UND ILLUSION

Auch wenn einem Entwurf einfache, symmetrische Anordnungen zugrunde liegen, können ausgesprochen reizvolle Wirkungen erzielt werden, vorausgesetzt natürlich, daß die Maßstäblichkeit der einzelnen Gestaltungselemente und ihre Proportionen gut gewählt wurden. Im Bildbeispiel dieser Seite hat der Gartenarchitekt ein kurzes, kanalartiges Bekken gewählt, dessen Längsachse mit derjenigen des Gartengrundstücks zusammenfällt. Die Wirkung des Wassers wird durch einen größeren Spiegel verstärkt, der am Beckenende aufgestellt wurde. So entsteht der Eindruck, als fließe der Kanal jenseits der beiden flankierenden Spaliere weiter. Der Spiegel verdoppelt auch ein größeres Pflanzgefäß mit Schwertlilien, das seinerseits den Wasserzulauf verdeckt. Und noch eine wichtige Aufgabe fällt dem Spiegel zu: Er bringt zusätzliches Licht in den Garten, dient also nicht nur der räumlichen Illusion.

Das rechteckige Wasserbecken wird unmittelbar von einem sehr formal gestalteten Klinker- oder Ziegelpflasterwerk umsäumt. Eine Übergangszone wurde nicht vorgesehen. Um die Gefahr der Monotonie auf der T-förmig geschnittenen Pflasterfläche zu bannen, wurden verschiedene Topf- und Kübelpflanzen aufgestellt. Sie lockern das Bild wirksam auf.

Zwischen den Latten des Spaliers zu beiden Seiten des Spiegels gibt es nur kleine Zwischenräume. Dadurch entsteht ein gewisser schimmernder Eindruck – eine Technik, die bei solchem Illusionswerk gerne angewendet wird.

Zum Design dieses Gartens gehören auch einige sehr traditionelle Elemente, von denen eine gewisse Eleganz ausgeht. Dazu gehören etwa die barocken Pflanzgefäße, die rechts und links vom Treppenaufgang zum Haus aufgestellt wurden (vgl. großes Foto auf der gegenüberliegenden Seite). Ebenso sind auch die beiden zapfenförmigen Steinskulpturen zu bewerten, die die Ecken der erhöhten Pflanzbeete abschließen. Eine dieser beiden Skulpturen ist in der Abbildung links unten gerade noch erkennbar.

Die auf dem Beckenboden verstreuten Rundlinge sind mehr als nur der Ersatz für die fehlende Bepflanzung. Da das Wasser durch einen Zulauf ständig in Bewegung gehalten wird, wirkt das Becken wie ein munter dahinfließender Bergbach. Der Wasserzulauf ist hinter der Wasserliliengruppe versteckt.

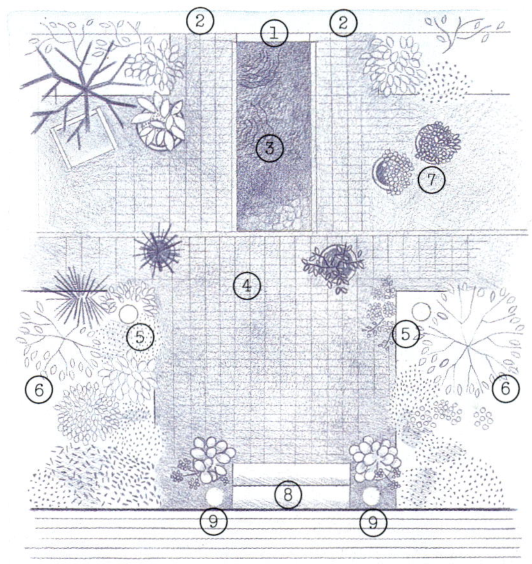

1 Ein witterungsbeständiger Spiegel vergrößert die tatsächliche Länge des Wasserbeckens auf das Doppelte – eine perfekte optische Illusion

2 Flankierendes Spalier aus engständigem Gitterwerk

3 Kanalähnliches Wasserbecken, ausgelegt mit kleinen Rundlingen

4 Ziegelsteinboden

5 Zapfenförmige Steinskulptur

6 Formale Pflanzung in erhöhten Pflanzbeeten

7 Große Pflanzkübel mit weißen Pelargonien

8 Stufen zur Veranda, flankiert von Pflanzgefäßen mit Bergenien und Lobelien

9 Efeu-umrankte Pfeiler

Links: Efeu verwandelt einen einfachen, tragenden Holzpfosten in einen lebendig wirkenden, umrankten Baumstamm. Auf der Hausveranda gedeiht ein schattenliebender Farn (Cyrtorium falcatum) im Topf. Zu beiden Seiten der Stufen stehen auf einem kleinen Ziegelsteinpodest dekorative barocke Pflanzgefäße. Die Bergenie (Bergenia spec.) mit ihren großen, dunkelgrün glänzenden Blättern wird von der zierlichen Hängelobelie ansprechend ergänzt. Der Boden aus alten, hellen und dunklen Ziegelsteinen rahmt das Ganze farblich ein.

□ Das Wachstum von Efeu und anderen Kletterpflanzen sollte durch Schnitt gelenkt werden, wenn das Grün die Dachkanten erreicht hat. Je nach Art des Daches könnten sonst größere Schäden durch Unterwachsen und Anheben der Dachziegel entstehen.

Oben: Unterschiedliche Blattfarben und -formen: Steinkraut (Alyssum saxatile) wurde zusammen mit Weinraute (Ruta graveolens) und großblumiger Herbst-Anemone (Anemone-Japonica-Hybride) verwendet.

WASSERMUSIK

Zwei größere Teichbecken vom Grundriß eines Konzertflügels nehmen den Zentralbereich dieses Gartens ein. Sie werden von einer ähnlich gestalteten Sumpfzone und einem geschwungenen Gartenpfad aus Ziegelpflaster getrennt. Beide Teiche wirken sehr dunkel und fast ein wenig geheimnisvoll.

Schwimmblattpflanzen wie Seerosen und kleine Schwimmfarne (Salvinia natans) zieren die Wasserflächen. Die geraden Kanten der Becken wurden aus großen Steinplatten gestaltet, die zu den gerundeten Linien aus Ziegelsteinen einen gewissen Gegensatz bilden. In der Sumpfzone gedeihen verschiedene Farne, Schwertlilien und Seggen – auch in der Natur typische Elemente in der Umrandung eines Kleingewässers.

Die Umzäunung hält allzu neugierige Blicke von draußen unaufdringlich, aber sicher fern. Spalierartige Holzkonstruktionen von besonders ausgesuchtem Design erhöhen eine sehr helle Ziegelmauer. Ähnliches Lattenwerk füllt auch einen Torbogen aus Ziegelmauerwerk aus – ein Schmuckelement, das aus allen Gartenteilen angenehm in den Blick fällt, wie die Abbildung rechts außen auf S. 85 zeigt. Diese so einfach erscheinende gestalterische Zutat verrät sicheres Stilempfinden. Überaus interessant und geradezu anheimelnd wirkt auch der Bodenbelag aus alten Ziegelsteinen im Fischgratverband, auf den viel Mühe verwendet wurde.

Die Mehrzahl der Pflanzen – Stauden, Sträucher und kleine Bäume – bilden Mischbestände entlang der Gartenmauern. Darunter befinden sich Arten von geradezu erstaunlicher dekorativer Wirkung, etwa ein weißblühender Schmetterlingsstrauch (Buddleja davidii) oder ein rotstreifiger Neuseeländischer Flachs (Phormium tenax). Das verwendete Strauchwerk verdeckt auch einen großen Teil des kleinen Gartenschuppens im Hintergrund der Anlage, der durch seine Farben ohnehin nicht allzu auffällig wirkt. Gerade wegen seiner einfachen, überschaubaren und ausgesprochen harmonischen Formgebung ist dieser kleine Garten voller Zauber und Interesse. Außerdem erlaubt er eine recht freizügige Bewegung trotz der geringen Abmessungen. Die roten Blüten setzen wohldosierte Farbtupfer in die eher ruhige, grüne Kulisse.

1 Rundbogen mit Spalierwerk

2 Teiche, deren Grundriß aus der Glockenform entwickelt wurde. Die Randbepflanzung mit Pelargonien und Petunien bringt im Sommer lebhafte Farben

3 Sumpfzone zwischen den Wasserbecken

4 Alte Ziegelsteine in Fischgratverband

5 Neuseeländischer Flachs (Phormium tenax)

6 Spaliere oberhalb der Mauer für zusätzlichen Sichtschutz

7 Geschwungener Ziegelsteinpfad zwischen den Becken

8 Niedrige Stufe

9 Schmetterlingsstrauch

10 Hortensien

Oben: Der geschwungene Ziegelsteinpfad beginnt mit einer Stufe: Dies verlangsamt den Schritt beim Rundgang und schafft Gelegenheit zum Erleben der harmonischen Formen und der Pflanzen im Sumpfbeet. Bereits solche geringfügigen Niveauunterschiede sind auch wegen ihrer Effekte auf die Licht- und Schattenverteilung ungemein wirksame Gestaltungsmittel. Pelargonien und Petunien bringen im Augenblick Farbe in die kleine Anlage. Taglilien (Hemerocallis) betonen mit ihren schlanken Blättern das vertikale Element – sie sind in vielen Farbvarietäten erhältlich.

□ Wasserlinsen breiten sich insbesondere auf nährstoffreichem Wasser rasch aus und überziehen den Wasserspiegel mit einem geschlossenen grünen Teppich. Eine interessante Alternative sind Schwimmfarne (Salvinia natans), die besonders gut auf leicht erwärmtem Wasser gedeihen. Überschüssige Schwimmpflanzen, die die Oberfläche völlig überwuchern, sollte man unter Kontrolle behalten, denn spärlichere Bestände mit Lücken sehen im Zweifelsfall wesentlich dekorativer aus.

Links: Ein weißblühender Schmetterlingsstrauch (Buddleja davidii) bildet zusammen mit Hortensien die Randbepflanzung der Gartenterrasse. Schmetterlingssträucher sind sehr raschwüchsig und in unserem Klima auch nahezu winterfest. Dennoch sollte man sie in jedem Frühjahr rigoros zurückschneiden.
Oben: Der Rundbogen aus Ziegelmauerwerk mit seiner Spalierauskleidung ist ein Blickfang von besonderer Wirkung. Er verstärkt die strukturreiche Bepflanzung am Beckenrand im Vordergrund durch seine ungewöhnliche Raumgliederung.

□ Spalier- oder Lattenwerke bestehen oft nur aus einfachen Quadrat- oder Rautenmustern. Die Suche nach anderen und vielleicht neuen Formen ist sicher lohnend. Im vorliegenden Fall wurden Doppel- und Dreifachlagen verwendet. Dadurch entsteht mehr Abgeschlossenheit.

VERSCHIEDENE EBENEN

Wenn man einen kleinen Garten auf einem ziemlich geradlinigen Grundraster plant, kann die optische Wirkung beträchtlich erhöht werden, wenn man die wichtigsten Strukturlinien in einem Winkel von 30–45° auf das Wohngebäude zulaufen läßt. Diese Überlegung liegt dem hier verwirklichten Entwurf zugrunde. Die Gesamtwirkung läßt sich von einer recht großzügig bemessenen Terrasse aus erfahren und genießen.

Eine zusätzliche Überraschung entsteht dadurch, daß der L-förmig gewinkelte Gartenteich deutlich über Bodenniveau angelegt wurde. So kommen die Wasserfläche und die interessante Bepflanzung dem Auge sogar noch entgegen.

Die Bepflanzung ist bunt und abwechslungsreich gehalten, um das vergleichsweise einfache Plattenwerk der Bodenabdeckung auszugleichen. Pelargonien, die die Pflanzbeetmauer verdecken, sind sicher eine gute Wahl. Im Becken sorgt die Brunnenkresse für eine belebende Durchbrechung der geraden Linien. Rosen und Hortensien können für die Pflanzbeete in der Umrahmung der Wasserbecken verwendet werden.

1 Spaliere

2 Hortensien

3 Sitzgruppe

4 Erhöhte Pflanzbeete mit Mauereinfassung

5 Gemischtes Strauchwerk als Beckenhintergrund

6 Teichbecken auf verschiedenen Niveaus

7 Hellfarbene Steinplatten als Bodenbelag

8 Kleiner Springbrunnen

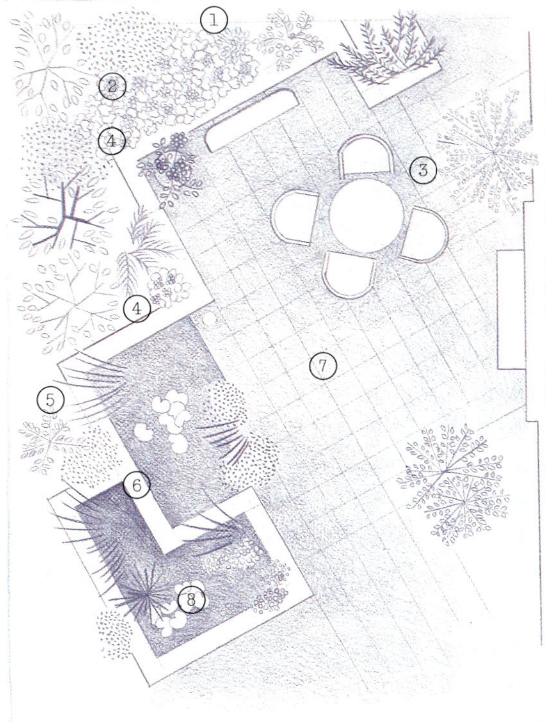

Links: Zwei für einen Teichrand ungewöhnliche Gehölze, nämlich eine Zimmeraralie (*Fatsia japonica*) als Kübelpflanze und ein niedriger Wacholder (*Juniperus chinensis*-Form) bilden einen gelungenen Hintergrund. Die freie Beetecke im Vordergrund wurde effektvoll mit einer Kapuzinerkresse bepflanzt. Zur Tierplastik, einer Reiher-Darstellung, gehört noch ein Pendant: Das zweite Exemplar befindet sich zwischen den Röhrichtpflanzen des anderen Beckens (vgl. Abbildung gegenüberliegende Seite).

Links: Wasserpflanzen benötigen praktisch überhaupt keine Pflege. Hinsichtlich ihrer dekorativen Wirkung sind sie jedoch wie einjährige Sommerpflanzen zu bewerten, denn sie gedeihen und blühen nur während der warmen Jahreszeit. In den Herbstwochen ziehen sie sich auf geschützte Überdauerungsorgane zurück. Fahle Röhrichtpflanzen behalten dagegen ihren besonderen Schmuckwert auch über die ersten Frostperioden hinaus.
Im Hintergrund sorgt ein weitständiges Spalier für optische Belebung der Gartenmauer. Der Kontrast zwischen weißen Holzlatten, Mauerwerk und grünen Kletterpflanzen ist sehr reizvoll.
□ Der kleine Springbrunnen im erhöhten Becken erfüllt nicht nur einen interessanten dekorativen Zweck. Das plätschernde Wasser trägt an heißen Tagen auch zusätzlich Sauerstoff ins Wasser.
□ Die hier gewählte Bepflanzung verwendet im Grunde genommen die gleichen Elemente, die auch in unseren natürlichen stehenden Gewässern auftreten: Neben den Schwimmblattpflanzen wie Seerosen oder Laichkräutern findet sich uferwärts ein geschlossenes Röhricht aus verschiedenen hochwüchsigen Pflanzen von grasartigem Aussehen (Rohrkolben, Schilf, Binsen, Schachtelhalme). Statt der Weißen Seerose ist auch die Gelbe Teichrose (Nuphar lutea) eine sehr dankbare Schwimmblattpflanze für die Freiwasserzone des Teichbeckens.

GARTEN MIT AUSSICHT

Alle erfolgreichen Elemente eines kleinen Vorstadtgartens sind hier miteinander verbunden worden: Rasen, Gebüsche, Staudenbeete und Pflanzgefäße bilden eine überaus gelungene Synthese. Was allerdings so urwüchsig und naturnah ausschaut, ist dennoch das Ergebnis sorgfältiger Planungen.

Ein besonderes Merkmal dieses kleinen Gartens ist ein Gehweg, der hoch über der Rasenfläche an einer der Gartenmauern entlangführt. Fast erinnert er ein wenig an einen verträumten Klippenweg (vgl. auch die Abbildung auf S. 90). Am Fuß der Ziegelsteinmauer, in Nischen des Mauerwerks, wurden großlaubige Farne angepflanzt, vor allem der dekorative Wurmfarn (Dryopteris filix-mas), womit der Eindruck einer gewissen Urwüchsigkeit entsteht. In einer größeren, ornamental wirkenden Mauernische wurde eine klassische Büste aufgestellt – eine zunächst völlig unerwartete dekorative Überraschung (vgl. Abbildung auf S. 91). Mit solchen Überraschungen kann selbst in sehr kleinen Gärten überaus erfolgreich gearbeitet werden. Zu einer strukturreichen, phantasievollen Mischbepflanzung passen derartige Elemente fast immer sehr gut.

Beim Rasen fällt die sehr unregelmäßige Formgebung auf, an deren Rand sich die Rabatten anfügen. Eine sehr schön gearbeitete Steinstufe verbindet die auf unterschiedlichem Niveau angelegten Rasenstücke. Die alte Ziegelmauer, die den Garten seitwärts begrenzt, ist ein ebenso interessantes architektonisches Element wie die rückwärtige Fassade des Wohnhauses. Sie wurde daher nicht vollständig mit Kletterpflanzen verstellt, sondern trägt einen zwar üppigen, aber dennoch lockeren Bewuchs.

Den Abschluß des Gartens bildet eine geschnittene Laubholzhecke von etwa 2 m Höhe, die zweifellos als wirksame, aber auch als natürlich erscheinende Grenzmarke dient.

Unten: Der erhöht verlaufende Pfad vom Haus in den rückwärtigen Gartenteil ermöglicht ungewöhnliche Blicke auf die gesamte Anlage. Steine und Hölzer verstärken den zufälligen, scheinbar planlosen Charakter. An der sonnenbeschienenen Ziegelmauer gedeihen die meisten Kletterpflanzen sehr gut. Eine Überwucherung wurde hier rechtzeitig unterbunden.

1 Mauernische mit ornamentaler Büste (S. 91)

2 Erhöhter Gartenpfad mit verschiedenen Topfpflanzen

3 Ziegelmauer mit Kletterpflanzen

4 Stufen vom Rasenstück zum erhöhten Pfad

5 Gemischte Stauden- und Strauchbepflanzung

6 Kletterrosen an einfacher Kletterhilfe aus Holzlatten

7 Geschnittene Kastenhecke im Gartenhintergrund

8 Steinstufe zwischen den Rasenstücken

9 Unregelmäßig verlaufender Saum zwischen Rasen und Pflanzstreifen

Oben: Eine schön behauene Steinstufe vermittelt zwischen den beiden ungleich großen, auf verschiedenen Ebenen liegenden Rasenstücken dieses Gartens. Sie wird flankiert vom Beetvorsprung rechts und einer kleinen, sehr farbenprächtigen Pflanzinsel auf der linken Seite, in der das Frühlings-Steinkraut (Alyssum saxatile) gerade blüht. Links von der Pflanzinsel (vgl. Planskizze) wird der Höhenunterschied durch einen flachen Hang überwunden. Dies erleichtert die Arbeit mit dem Rasenmäher.

□ Steinkraut (Alyssum saxatile) gedeiht hervorragend an warmen, auch etwas trockenen Standorten und ist mit seinen zahlreichen goldgelben Blüten gerade im Frühjahr ein Blickfang. Im Fachhandel sind verschiedene Sorten im Angebot.

Links außen: Die Hecke im Hintergrund des Gartens wird regelmäßig geschnitten, so daß die Bäume außerhalb des Grundstücks in die Gesamtwirkung einbezogen werden können. An der Treppe lockern Herbstastern (Aster novi-belgii) die starren Linien nachhaltig auf.
Links oben: Funkien (Hosta sieboldiana) und Nieswurz (Helleborus lividus) kontrastieren sehr wirkungsvoll zum schmalen Blattwerk der Taglilien (Hemerocallis) oder zum gescheckten Laub des Efeus. Die überhängenden Blätter der Hänge-Segge (Carex pendula) runden das Ensemble ab.
Links unten: Ziegelmauerwerk und übriger Werkstein harmonieren sehr gut miteinander, da alle Säume und Flanken durch verschiedene Pflanzen beinahe übergangslos verwoben werden. An der Ziegelmauer zieht das blühende Steinkraut (Alyssum saxatile) wiederum den Blick an (siehe auch S. 89).

Oben: Farne, Bambus, Storchschnabel und Blaustern (*Scilla hispanica*) bilden fast eine kleine Waldszenerie vor der Mauernische mit der ornamentalen Marmorbüste. Die Nische ist in das Mauerwerk eingelassen, welches den erhöhten Gartenpfad trägt (siehe Planskizze S. 88). Nische und Büste liefern einen ungewöhnlichen Überraschungseffekt in diesem Garten, der viele Züge eines wilden Naturgartens aufweist.

☐ Kleine Statuen oder Büsten wie im gezeigten Bildbeispiel müssen nicht notwendigerweise auf einem besonderen Podest an gut sichtbarer Stelle aufgerichtet werden. Versteckt hinter der Bepflanzung oder von Stauden eingerahmt auf Bodenniveau verfehlen sie ihre dekorative Wirkung ebenfalls nicht. Beachten Sie den wirksamen Kontrast zwischen dem hellen Material der Skulptur und der dunkleren, schattigen Mauernische.

MIT QUADRATEN GESTALTEN

Eine L-förmig geschnittene Grundfläche stellt in gestalterischer Hinsicht nur selten ein Problem dar, zumal sie sich für allerhand interessante Ansätze besonders gut eignet. Im dargestellten Beispiel wurde die zu gestaltende Fläche in Quadrate aufgeteilt. Eine besondere Wirkung erzielt die Verteilung der beiden L-Schenkel auf verschiedene Niveaus. Die Gartenterrasse wurde für den tiefer gelegenen Teilbereich vorgesehen, wo sie vom Hause aus kaum noch zu sehen ist. Der Weg dorthin führt gleichsam in eine eigene Welt. Zur Abgeschlossenheit trägt auch der hohe, dichte Bretterzaun bei, der gleichzeitig als Blick- und Windschutz dient.

Die Bodengestaltung besteht in beiden Teilen aus dem gleichen Material. Während in der unteren Terrasse ein regelmäßiges Gitterwerk ausgelegt wurde, wechselt das Muster näher beim Haus in alternierende Steinplattenreihen. Zwischen den großen Platten wurden schmale Streifen verlegt, die den dekorativen Wert sichtlich erhöhen.

Links: Drei Stufen trennen die beiden Terrassenniveaus. Diese Flächenunterteilung des Gartengrundstücks bietet eine spürbare räumliche Bereicherung. Ein wirksames dekoratives Element ist auch der große Pflanzkübel auf dem Mauervorsprung. Sehr effektiv gestalten läßt sich auch mit der Einführung von Baustoffen oder Strukturen, die sonst in der Umgebung nicht vorhanden sind. Hier war es die niedrige Ziegelmauer zur Einfassung der oberen Terrasse.

Rechts: Die ornamentale Verlegung der Steinplatten verhindert, daß der Boden nur graue Monotonie zeigt. So entstand ein abwechslungsreiches, ansprechendes Muster. Die schmalen Zwischenstücke, jeweils von einem kleinen Steinstreifen getrennt, greifen in ihrer Anordnung das Muster der großen Steinplatten auf. Geschickt wurde auf dem hinteren Zaun mit einem optischen Trick gearbeitet: Der Schattenwurf von rechts wurde mit dunklerer Farbe aufgepinselt. Selbst an einem trüben Tag entsteht somit die Illusion von Sonnenschein.

1 Gemalter Schatten auf der Holzwand

2 Zierapfel (Malus floribunda)

3 Sitzgruppe, vom Haus aus nicht sichtbar

4 Steinplatten in regelmäßigem Netzmuster

5 Immergrüne Mahonien (Mahonia bealei)

6 Tulpen-Gruppen

7 Unbepflanzte Schmuckvase

8 Flache Steinstufen

Rechts: Tulpen und andere Zwiebelpflanzen bringen schon im Frühjahr kräftige Farben in den Garten. So lassen sie die kalte Jahreszeit ein wenig kürzer erscheinen. Nach ihrer Blüte übernimmt ein Zierapfel mit seinem Blütenflor den Blumenschmuck. Am Fuß der Treppe wächst eine immergrüne Mahonie (Mahonia bealei), die rund ums Jahr Schmuck bietet: Blüten, Blätter und Früchte liefern schöne Farbeindrücke.

ROMANTISCHE SITZPLÄTZE

Eine recht interessante Wirkung geht in Gärten auf verschiedenen Höhenstufen von einer versetzt angebrachten Stufenfolge aus: Meist werden Gartenstufen zur Überwindung der Niveauunterschiede senkrecht zur Längsachse des Gartens geplant. Man kann sie jedoch mit gestalterischem Gewinn auch direkt in die Achse legen, wie unser Beispiel zeigt. Die niedrigen Stufen verbinden in diesem Fall zwei L-förmige, sich gegenseitig zum Rechteck ergänzende Teilflächen, die jeweils einen Bodenbelag aus unterschiedlich großen Steinplatten erhielten. Zwei leicht erhöhte Pflanzbeete trennen die beiden Terrassen. Die beiden Teilräume werden dadurch auch optisch sehr nachhaltig voneinander gelöst, wobei jedoch ein verbindender Überblick erhalten bleibt. Eine Bogenkonstruktion überspannt den Stellplatz für eine weißgestrichene Sitzbank, die sich im Stil an die ausgesuchten Gartenmöbel im Vordergrund anlehnt.

Obwohl der Grundriß relativ einfach erscheint, läßt dieser Garten in jeder Hinsicht Originalität erkennen. Jede Bepflanzungsmaßnahme wurde zudem sorgfältig bedacht, um aus dem vorhandenen Raum den maximalen Nutzen zu ziehen. Ein besonderes Gefühl der Intimität und der Abgeschiedenheit entsteht durch den dichten Bewuchs von Gartenmauer und Umzäunung. Wenn massives Mauerwerk ein kleines Grundstück umgrenzt, müßte es schon von besonderer Qualität sein, um in die Gestaltung einbezogen zu werden. Sichtbeton oder andere weniger schöne Ausführungen sollte man hinter Kletterpflanzenbewuchs verstecken.

Der Bodenbelag besteht aus relativ kostspieligen Natursteinplatten. Eine etwas sparsamere Lösung wäre ein Rasen, der eventuell auch nur im hinteren Gartenteil eingesetzt werden könnte. Auf diese Weise könnten unterschiedliche Funktionsbereiche stärker hervorgehoben werden.

1 Dichte immergrüne Bepflanzung verbirgt die Gartenmauer

2 Weißgestrichene Gartenbank aus Gußeisen in einer Bogenlampe

3 Pflanzschalen mit Sommerblumen

4 Pflanzstreifen mit immergrünen Pflanzen (zum Teil in transportablem Container)

5 Flache Stufen zwischen den Terrassen

6 Sitzgruppe (siehe auch Abbildung S. 95)

Die Grundausstattung dieses Gartens sind einige immergrüne Gehölze, beispielsweise der hübsch rundkronige Lorbeer (Laurus nobilis), **ein buschiger Rosmarin** (Rosmarinus officinalis) **(beides Kübelpflanzen) und eine kleine Zuckerhutfichte** (Picea glauca 'Conica'). **Weiße Lupinen, hellrote Pfingstrosen, Kletterrosen und Clematis runden das farblich und formal sehr gelungene Ensemble ab.**

Oben links: Die Gartenbank im hausfernen Teil des Gartens wirkt besonders schön durch ihre bogenförmige Gehölzeinfassung. □ Solche bogenförmigen Kletterhilfen für Clematis oder Rosen sind leicht herzustellen. Da sie vom Grün rasch verdeckt werden, muß auf die künstlerische Qualität kein besonderer Wert gelegt werden.

Links unten: Eine formschöne Pflanzschale mit Petunien und Ziertabak vor einer dichtwüchsigen Hintergrundbepflanzung mit großblumiger Clematis, 'Comtesse de Bouchaud', und Bambus (Sinarundinaria murielae o. a.).

Oben: Paeonien oder Pfingstrosen mit ihren wunderschönen Blüten fügen sich hervorragend in die stilvolle Sitzgruppe ein. Auf dem Gartentisch steht ein Topf mit rosafarbenen Fuchsien. Im Hintergrund sind Kletterrosen, weiße Lupinen und ein Lorbeerbaum erkennbar. Die bei uns nicht winterharten Lorbeerbäume kann man auch pyramidenförmig schneiden.

SPALIERVERSTECKE

Durch relativ aufwendige Maßnahmen wurde auf dieser sehr kleinen Grundfläche ein recht komplexer Plan verwirklicht. Beide Ebenen zeigen eine gewisse Asymmetrie. Sie werden durch drei Steinstufen verbunden, die um ein kleines, erhöhtes Wasserbecken herumführen.

Die anfangs noch sehr unschöne und vor allem sehr hohe Rückwand aus Ziegelstein erhielt einen angenehmen Anstrich in Hellgrün, ein sehr formschönes weißes Spalierwerk und einige kleinere Konsolen bzw. Gestänge zum Aufstellen oder Aufhängen von Pflanzgefäßen. Auf diese Weise wirkt der obere Terrassenteil nahezu rundum begrünt.

1 Das weitständige, weiße Holzspalier vor der hellgrünen Wand erzeugt den Eindruck von Geräumigkeit

2 Hängeampeln mit Fuchsien

3 Randbepflanzung in klinkereingefaßtem Hochbeet

4 Bogig verlaufender Treppenaufgang

5 Pfeiler aus Ziegel- oder Klinkermauerwerk mit zentralem Wasserbecken und Randbepflanzung aus Sommerblumen

6 Untere Terrasse mit Hauszugang

Oben: Der pastellgrüne Wandanstrich steigert die Wirkung der Bogenspaliere und der Bepflanzung – eine durchaus empfehlenswerte Alternative zu den üblicherweise weißgestrichenen Wänden, die anfangs sehr grell aussehen und später leicht schmutzig-grau werden. Für das Spalier kann man eine ganze Reihe von schattenliebenden Pflanzenarten vorsehen. Gut geeignet sind beispielsweise verschiedene Efeu-Varietäten oder auch die viel zu selten verwendete Kletter-Hortensie (Hydrangea petiolaris). Dekorativ wirkt auch der Winterjasmin (Jasminum nudiflorum).

Rechts: Dichtgepflanzte Sommerblumen, Begonien (Begonia-Semperflorens-Hybriden) und Hänge-Lobelien, bilden gleichsam eine natürliche Balustrade für den Treppenaufgang zur Terrasse. Die Pflanzen wachsen in einer Vertiefung rund um ein kleines Wasserbecken mit dekorativer Brunnenfigur.

LICHT AM ENDE DES TUNNELS

Eine L-förmig geschnittene Grundfläche ist für die Planung immer sehr vorteilhaft, weil sich damit sehr unterschiedliche Raumwirkungen erreichen lassen. Der jeweils nicht einsehbare Teil wirkt immer ein wenig geheimnisvoll. Die tatsächlichen Abmessungen der Anlage sind auf den ersten Blick nicht abzuschätzen.

Zusätzliche Raumwirkung ergibt sich aus der Höhenversetzung der beiden Teilflächen, die über einige Klinkerstufen in Verbindung stehen. Die Treppe lehnt sich an eine der Gartenmauern an. Mit Topf-und Kletterpflanzen ist die Anlage erfolgreich und ansprechend begrünt worden.

Die Kriech- und Kletterpflanzen, die die Wände im hauszugewandten Schenkel des L vereinnahmt haben, bilden einen strukturreichen, kulissenartigen Tunnel, der das Licht nur stellenweise durchtreten läßt und daher attraktive Schatteneffekte erzielt. Dadurch wird gleichzeitig eine gewisse Tiefenwirkung erreicht, die das klein bemessene Grundstück in Wirklichkeit nicht aufweist. Damit der grüne Korridor nicht zu düster oder beklemmend wirkt, wurden sehr kräftig gefärbte Polster für die Gartenmöbel ausgesucht. Der obere, erhöhte Gartenteil ist ohnehin etwas offener und daher auch sonniger.

Der Boden wurde durch abwechslungsreiche Verlegung der Ziegelsteine formschön gestaltet. Selbst solche nebensächlich erscheinenden Details sind aussagekräftige Bestandteile eines qualitativ hochwertigen Designs.

1 Weißgestrichene Spaliere in Rautenform

2 Erhöhte Sitzterrasse mit gelben Sitzmöbeln und Tischen mit Glasplatten

3 Topfpflanzen auf den Treppenstufen beleben durch Struktur und Farbe

4 Kletterpflanzen schaffen einen grünen Tunnel

5 Bodenbelag aus phantasievoll verlegten Ziegelsteinen

Rechts: Ein hellgelb gepolsterter Gartensessel wurde mit Bedacht so aufgestellt, daß er den Blick auf sich zieht: Er bildet gleichsam die Lichtöffnung am Ende des Tunnels aus Laubwerk. Die Vordergrundbepflanzung umfaßt einjährige Strauchmargeriten (Chrysanthemum frutescens), das immergrüne Pfaffenhütchen (Euonymus fortunei) und Ziertabak (Nicotiana alata). Eine rote Rose bringt Farbe in die Wandgestaltung.

☐ Polstermöbel für den Garten sind oft nur bedingt wetterfest. Wählen Sie daher das Material mit Blick auf seine Wetterbeständigkeit aus, sofern die Sitzauflagen nicht ohnehin immer wieder ins Haus genommen werden.

Rechts außen: Fleißige Lieschen sind ausgesprochene Halbschatten- bis Schattenpflanzen. Sie wurden hier in große Töpfe gepflanzt und erfreuen einen ganzen Sommer lang mit ihren bunten Blüten.

☐ Treppen- oder Terrassenstufen von genügender Breite eignen sich vorzüglich für das Aufstellen von Blumentöpfen oder Pflanzenschalen, die die harten Konturen jeweils etwas mildern.

Links: Gerade eine schmale Terrasse profitiert besonders von der interessanten Licht- und Schattenverteilung, die das umrahmende Blattwerk hervorbringt.

FARBKASKADEN

Mit Struktur- und Farbvielfalt triumphiert dieser Entwurf sozusagen über die eher bescheidenen Planvorgaben, nämlich ein kleiner, quadratischer Grundriß mit vergleichsweise armem Boden. Bei der Bepflanzung wurden daher besonders Azaleen, Rhododendren und andere formschöne Pflanzen ausgewählt, die sich bevorzugt für saure Böden eignen. Um den Anwachserfolg und die Langlebigkeit zu garantieren, wurden sie in terrassenartig gestaffelte Kleinbeete gruppiert, die mit humosem Pflanzsubstrat angefüllt wurden. Durch die unterschiedlich hohen Stufen, die dabei überwunden wurden, entsteht der Eindruck eines üppig auf allen Ebenen bewachsenen Abhanges. Die halbkreisförmig geschwungenen Stütz- und Trennmauern der einzelnen Etagenbeete erlauben dabei eine jeweils ausreichend große Pflanzfläche. Die Bepflanzungsdichte verstellt wirksam den Blick auf das schwere, massive Mauerwerk. Jeder, der den Garten betritt, wird sogleich seine abgeschlossene, bezaubernde Atmosphäre erleben. Diese Wirkung wird unterstützt durch das Lattenwerk auf der rückwärtigen Grenzmauer, das einen noch höheren Wuchs der Kletterpflanzen ermöglicht.

Die meisten der hier angepflanzten Gehölze zeigen den schönsten Anblick zur Blütezeit im Frühjahr. Dennoch wurde auch Sorge dafür getragen, daß während der übrigen Monate keine Langeweile oder Eintönigkeit aufkommen kann. Der hellgrüne Spitz-Ahorn bringt einen interessanten Farbeffekt und zeigt auch im Herbst eine schöne Laubfärbung. Leider wird diese Baumart sehr groß und entzieht durch ihr ausgedehntes Wurzelwerk den anderen Pflanzen Wasser und Nährstoffe. Als Ersatz wäre der langsam-wüchsige Kugel-Spitz-Ahorn (Acer platanoides 'Globosum') denkbar. Seine Blätter sind ebenfalls hellgrün, die Herbstfärbung ist gelb. Das Blattwerk an der Basis gehört einer Zaubernuß (Hamamelis mollis), die bereits mitten im Winter mit vielen Blüten die Saison eröffnet.

Die unteren Pflanzbeete in der Umrahmung der Rasenfläche erlauben eine wechselnde Bepflanzung mit Sommerblumen oder auch blühkräftigen Stauden. Zusätzlich könnten auch noch verschiedene Topfpflanzen aufgestellt werden, zwei besonders dekorative Pflanzschalen vielleicht rechts und links am Zugang zum Rasen.

1 Spalier mit Kletterpflanzen

2 Erhöhtes Pflanzbeet, hier ohne Bepflanzung dargestellt, um die Idee der Anlage zu zeigen

3 Erhöhte Pflanzbeete auf verschiedenen Niveaus

4 Azaleen und andere Ziersträucher

5 Spitz-Ahorn (Acer platanoides 'Aurea')

6 Kamelien (Camellia japonica)

7 Rasenstück

8 Zaubernuß (Hamamelis mollis)

9 Wechselnde Bepflanzung mit Sommerblumen

10 Flache Steinstufen vom Haus zum Rasen

Rechts: Die einzelnen Azaleen- und Rhododendron-Gruppen bilden fast schon eine vielfarbige Skulptur oder eine Farbkaskade am Ende eines grünen Tunnels aus Blattwerk. Diese beeindruckende Komposition entfaltet ihre dekorative Wirkung allerdings nur während einiger Frühjahrs- oder Frühsommerwochen. Für die übrige Zeit des Sommerhalbjahres müssen verschiedene Beetpflanzungen rechtzeitig eingeplant werden. Das hellgrüne Blattwerk des Spitzahorns (Acer platanoides) ruft den Eindruck von dauerndem Sonnenschein hervor.
□ Zur Gattung Rhododendron gehören die laubabwerfenden Azaleen und die immergrünen Rhododendren, die ganzjährig durch ihr schmuckes Blattwerk wirken. Die laubabwerfenden Azaleen zeigen oft noch eine schöne Herbstfärbung, einige Arten neigen jedoch dazu, recht groß zu werden, z. B. der gelbblühende Rhododendron luteum und seine Sorten.
Rhododendren und Azaleen gedeihen auch in halbschattigen Lagen sehr gut, benötigen jedoch recht sauren Boden.

GRÜN UND SILBER

Bei diesem Garten täuscht die geschickte, dichte Bepflanzung über die tatsächlichen Abmessungen der Flächen hinweg. Kaum ist hinter den grünen Wänden aus Kletterpflanzen oder Gehölz der wirkliche Grenzverlauf auszumachen, und die verschiedenen Ebenen lassen den verfügbaren Raum wesentlich interessanter erscheinen. Im Zentrum befindet sich ein kleiner Springbrunnen auf quadratischer Grundfläche, die jedoch zur Längsachse des Gartens in abweichendem Winkel ausgerichtet wurde. Damit findet ein gewisses Drehmoment Eingang in den Plan. Quadratische und kreisrunde Formen wiederholen sich mehrfach im Brunnensockel und in der Brunnenschale.

Im oberen Gartenteil fällt eine Statue aus Stein auf, geschickt versteckt zwischen der hochwüchsigen Bepflanzung, aber dennoch ein wirksamer Blickfang, nachdem das Auge den Springbrunnen genügend erfaßt hat. Die Statue ist deutlich kleiner als Lebensgröße. Dadurch wird eine vergrößernde, perspektivische Wirkung erzielt, die der Gesamtdisposition sehr entgegenkommt.

1 Optisch wirksame Bepflanzung mit grün- und silberlaubigen Arten

2 Anmutige Skulptur (Nymphe) als gestalterischer Anziehungspunkt

3 Schalenbrunnen, erhöht angebracht und stärker aus der Achse gedreht

4 Eine kleine, dichtwüchsige pyramidenförmige Buxus sempervirens unterstützt das vertikale Element

5 Eine dichtgepflanzte Gruppe Fleißiger Lieschen schmückt die Treppenstufen

6 Terrasse mit Sitzelementen

7 Weiße Wand mit Kletterpflanzen und (am Mauerfuß) Sommerblumen

Oben: In fast jedem Garten wirkt ein klassischer Springbrunnen dekorativ und belebend. In unserem Beispiel wurde er nicht nur ziemlich genau in der Gartenmitte aufgestellt, sondern auch auf einer Zwischenebene im Übergang der beiden Gartenniveaus untergebracht. Obwohl dem Grundriß überwiegend rechte Winkel zugrunde liegen, wurden die Brunnenanlage und die daran anschließenden Begrenzungsmauern etwas aus der Hauptrichtung der Achsen herausgenommen. Die angrenzende Bepflanzung umfaßt Pfeilkraut (Sagittaria sagittifolia) und verschiedenfarbige Fleißige Lieschen.

Links: Die elegante Pose der kleinen Statue wiederholt sich in der Hintergrundbepflanzung, in der vor allem der sehr aromatische Strauchbeifuß (Artemisia arborescens) (siehe S. 36) auffällt. Diese schmucke Art muß bei uns als Containerpflanze gehalten und frostfrei überwintert werden. Weitere bemerkenswerte Arten sind die großblättrigen Funkien oder das üppig wuchernde Geißblatt, das neben anderen Pflanzen die Gartenmauer überkleidet. Eine Scheinzypresse (Chamaecyparis lawsoniana) schirmt den Garten zur Rückseite hin ab.

□ Die Pflanzung rund um die Statue demonstriert eine einfache Erfolgsregel: Kleinblättrige, zurückhaltend wirkende Pflanzen wählt man für die dritte Dimension, solche mit ausdrucksvolleren Blättern für den Bodenbereich.

AUF UND AB

Die Grundfläche dieses Gartens ist ein verhältnismäßig kleines Rechteck. Es bietet aber dennoch eine Fülle räumlicher Erfahrungsmöglichkeiten durch ein geschicktes, interessantes Gartendesign mit vielen Rundungen und Stufungen. Die sicherlich aufwendigen Erd- und Steindeckarbeiten wiegen den Gesamteffekt aber durchaus auf, an dem natürlich auch eine ausgesuchte Bepflanzung beteiligt ist.

Dem Plan liegt die Idee zugrunde, den Gartenraum über geschwungene Pfade erobern zu lassen. Vom Haus führt der Weg zunächst noch ein Stück geradeaus, verläuft dann nach links unten über eine bogig geführte Trittfolge, an einer Sitzgruppe vorbei zur nächsten Treppe, deren Stufen im Rechtsbogen zur oberen Terrasse führen. Das unruhige Steindeckwerk aus unregelmäßigen Platten wird hier durch verschiedene Polsterpflanzen etwas gemildert, wie die Abbildung rechts unten auf S. 105 zeigt.

An die untere Terrasse mit ihrer Sitzgruppe grenzt ein halbmondförmig geschnittenes Wasserbecken mit zunehmend in die Höhe wachsenden Pflanzbeeten im Hintergrund. Wenn man vom Wohnhaus zur vorderen Terrasse heruntersteigt, meint man, in eine etwas feuchte, lichte, steinerne Niederung zu gelangen. Der zentrale Teil des Gartens wirkt wie ein grünes Amphitheater, dessen Pflanzen von Stufe zu Stufe immer größer werden.

Alle Steinarbeiten, die Plattenabdeckung, die Stufen und das Mauerwerk der Beetstützen, sind aus dem gleichen Material hergestellt worden. Daraus erklärt sich die recht einheitliche Wirkung trotz der unterschiedlichen Formen und Ebenen. Auf der oberen Terrasse fügt sich eine Steinbank, flankiert von Trockenmauern, dem Rahmen hervorragend ein. Auch die beiden Tierplastiken (vgl. Abbildung rechts unten auf S. 105) sind ein interessanter Bestandteil des Designs: Mit diesen scheu erscheinenden Wildtieren wird die abgeschiedene, ungestörte Atmosphäre dieses Hausgartens eindrucksvoll betont.

1 Steinbank auf der oberen Terrasse, flankiert von Trockenmauern und eingerahmt von dichtem Bewuchs

2 Formgleiche, ornamentale Pflanzgefäße, diagonal zur Achse aufgestellt

3 Aufgang über Steinstufen zur oberen Terrasse mit unregelmäßigem Plattenbelag

4 Gestufte Beete

5 Halbmondförmiger Gartenteich mit wenigen Wasserpflanzen

6 Abgang vom Haus zur Sitzterrasse

7 Farne und andere Schattenpflanzen im inneren Winkel der Treppenstufen

Oben: Die kräftigen Blätter einer einzigen Funkie (Hosta fortunei 'Aureomarginata') bilden einen lebhaften Kontrast zum Steinwerk der Treppe und machen den Besucher auf die Stufen aufmerksam.

Rechts: Die beiden Tierskulpturen sind fast rundum von dichtem Bewuchs umgeben, etwa von einem weißblühenden Ginster (im Hintergrund), einer weißblühenden Parkrose und den Klettersprossen von Clematis montana. Die schwertförmigen Blätter im Vordergrund gehören zum Neuseeländischen Flachs (Phormium tenax). Beachten Sie die Trockenmauern rechts und links von der Steinbank.

Oben: Wie ein Spiegel zieht der kleine Gartenteich sofort die Blicke auf sich. Die gestufte Beetfolge im Hintergrund mit einem gelben Ginster (Genista lydia) und einem rotlaubigen Fächerahorn (Acer palmatum) wirkt wie eine dritte Treppe. Bevor die Fuchsien im Topf blühen, übernimmt eine Etagenprimel (Primula japonica) die Aufgabe, Farbe in die Szene zu bringen.

RASCHE RESULTATE

Auch in diesem Garten wurde das Stilmittel der versetzten Ebenen wirkungsvoll zur Geltung gebracht. Die polychrome Ziegelmauer und die achtstufige Treppe, die ebenfalls aus verwitterten Steinen besteht, entfalten eine beeindruckende Raumwirkung. Erde, die im Bereich der kiesbestreuten Schicht abgegraben wurde, diente zum Auffüllen der erhöhten Pflanzbeete. Die tiefgelegene, mit Gartenmöbeln bestandene Terrasse vermittelt ein Gefühl der Geborgenheit – Einblicke aus der Nachbarschaft sind kaum möglich.

Die Stufenführung der Steintreppe erzeugt einen gewissen perspektivischen Korridoreffekt. Da die Stufen breit genug ausgelegt wurden, können sie allerhand Topfpflanzen und Pflanzgefäße aufnehmen. Die unterste Ebene wurde mit feinkörnigem Kies bestreut, der hier und da von Pflanzen durchwachsen wird. Eine Ziegelschwelle unterteilt diesen Bereich des Gartens.

Bei der Bepflanzung wurden verhältnismäßig raschwüchsige Arten ausgewählt, um in kurzer Zeit klare Effekte in der Begrünung und Gesamtwirkung zu erreichen. Während der Sommermonate bietet der kleine Garten vielfältige Blühaspekte. Für die Winterzeit wurde ein Fastnachtsbaum (Prunus fenzliana) eingeplant, der bereits im Februar vollen Blütenflor zeigt. Ein ebenso schöner Winterblüher ist die Higan-Kirsche (Prunus subhirtella 'Autumnalis').

1 Erhöhte Terrasse mit Betonboden

2 Hängeweiden

3 Erhöhte Pflanzbeete mit immergrünen Stauden und einjährigen Sommerblumen

4 Breite Treppe aus Ziegelsteinstufen

5 Rhabarber (Rheum palmatum)

6 Erhöhtes Pflanzbeet mit winterblühendem Gehölz Prunus subhirtella 'Autumnalis' Viburnum farreri (V. fragrans) oder Hamamelis mollis, ferner mit Riesen-Fetthenne (Sedum spectabile) und Purpur-Salbei (Salvia officinalis 'Purpurasceus')

7 Kiesschicht wird von Ziegelschwelle unterbrochen

8 Sitzgruppe

Oben rechts: Eine Hänge- oder Trauerweide (Salix alba 'Tristis') breitet sich wie ein Sonnenschirm über der Sitzgruppe aus. Kletterpflanzen verdecken die Regenrohre. In den Pflanzbeeten wurde Ziertabak (Nicotiana alata), im Hintergrund zusätzlich rote Petunien gepflanzt. Am rechten Bildrand sind die Blütenstände einer Palisaden-Wolfsmilch (Euphorbia characias ssp. wulfenii) und einer Hortensie (Hydrangea macophylla) sichtbar.
Unten rechts: Salbei (Salvia officinalis 'Purpurascens') und Riesen–Fetthenne (Sedum spectabile) dekorieren den Randbereich der Steintreppe.
☐ Die purpurne Form des Salbeis gehört in den großen Formenkreis des Garten-Salbeis, einer interessanten Duft- und Aromapflanze aus dem klassischen Kräutergarten. Daneben gibt es auch noch eine Reihe weniger stark duftender, aber auffällig blühender Salvia-Arten.

Die Bepflanzung des erhöhten Beetes scheint unmittelbar in die Stufenfolge der Treppe überzugehen. Zusätzlich vermitteln auch etliche Blumentöpfe im Treppenbereich visuelle Übergänge. Sie lassen überdies nur einen Teil der breiten Stufen frei, woraus sich ein interessanter Korridoreffekt ergibt. Auf der oberen Terrasse fallen verschiedene Palmlilien (Yucca spec.) in großen Pflanzgefäßen auf. Außerordentlich dankbar sind Arrangements mit langhaarigen, grauen Blättern des Wolligen Ziests (Stachys byzantina), vorne links.

AUSBLICKE

Jeder Garten, und sei er auch noch so klein bemessen, wirkt ungeheuer großräumig, wenn die freie Landschaft unmittelbar einbezogen werden kann. In solchen Fällen wird man die Sicht auf die landschaftliche Umgebung auf keinen Fall verstellen oder dazu in Konkurrenz treten wollen. Die natürliche Schönheit der Szenerie muß Bestandteil der Gartenplanung und -ausführung bleiben.

Der Plankenbelag des Bodens und der Holzzaun wurden gewählt, um die konstruktiven Elemente des Hauses (siehe Abbildungen der beiden Folgeseiten) aufzugreifen. Holz ist der vielleicht am natürlichsten wirkende Baustoff und besonders geeignet für gestalterische Zwecke, wie sie in diesem Fall angestrebt wurden. Besonders Gegenden mit zuverlässig warmen Sommern und längeren Schneeperioden im Winter lassen Holz als nahezu idealen Baustoff erscheinen. In dauerfeuchten Regionen neigt Holz dagegen eher dazu, rutschig und unansehnlich zu werden.

Nadelhölzer werden seit langem mit großem Erfolg im Außenbereich verbaut. Grundsätzlich sind aber auch andere Holzarten geeignet, wenn sie zuvor entsprechend behandelt wurden (beispielsweise durch Druckimprägnierung). Die einzelnen Bauteile müssen außen auch mit Zwischenräumen verarbeitet werden, damit gelegentliche Nässe gut abziehen kann. Im vorgestellten Beispiel läßt die Beplankung sogar noch genügend Raum für die bereits vorhandenen Bäume.

Je nach Windexposition in der offenen Landschaft sind Vorkehrungen gegen Windbelastung oder Schlagregen sinnvoll. Hecken oder Bäume zur Wetterseite sind für diesen Zweck außerordentlich geeignet.

1 Hängematte zwischen zwei Bäumen

2 Erhöhter Plankenboden

3 Öffnungen in der Bodenkonstruktion für Baumstämme

4 Gruppe windfester Topfpflanzen

5 Vorhandene Bäume: Fichte (*Picea* breweriana)

6 Akanthus (*Acanthus mollis*) als Schaustück

7 Niedrige Holzbrüstung gibt den Blick in die Landschaft frei

8 Einfache Sitzgelegenheiten und Tische

Ein Gartengrundstück in der offenen Landschaft, etwa an einem Gewässer und ohne Zugang zu gutem Gartenboden, kann dennoch sehr eindrucksvoll unter Berücksichtigung der landschaftlichen Eigenheiten gestaltet werden. Verschiedene Topfpflanzen sind in den Windschatten einer Berberitze (Berberis x ottawensis)**, einer Hängeform der Hasel** (Corylus avellana 'Pendula') **und einer Zypresse** (Cupressus cashmeriana) **als Kübelpflanze gerückt worden. Sie bilden dort eine farbenfrohe Pflanzeninsel.**

□ Die Planken sind sorgfältig über Trägerbalken verlegt worden. Solange Luft darunter hinwegstreichen kann, sind solche Holzkonstruktionen sogar unmittelbar über dem Boden realisierbar und dauerhaft.

Oben: Ungewöhnlich ist die Kultur des Blauschwingels (*Festuca cinerea* Syn. *F. glauca*) in Blumentöpfen. Zusammen mit Efeu bilden die Pflanzen eine interessante Dekoration auf dem Zaun.
Darunter: Muscheln und allerhand anderes Fundgut paßt sich gut der einfach gehaltenen Umgebung an. Als Topfpflanzen werden Grasnelke (*Armeria maritima*) und Beifuß (*Artemisia* spec.) kultiviert.

Rechts: Ungemein dekorativ gerade als Einzelstück ist dieser hübsche Akanthus (*Acanthus mollis*). Die Pflanze stammt aus dem Mittelmeergebiet und wird bei uns gelegentlich zur Einfassung von Staudenbeeten verwendet. In relativ wintermilden Lagen kann sie sogar draußen überwintern. Jährlich treibt sie einen über meterhohen Blütenstand, in dem rosafarbene Hochblätter die ästhetische Wirkung der großen Blüten effektvoll unterstützen.

Oben: Eine bunte und fast willkürlich erscheinende Zusammenstellung verschiedener Topfpflanzen wurde zu einem transportablen 'Beet' arrangiert. Die dekorative Wirkung ist die gleiche wie bei einem fest bepflanzten Gartenbeet. In Blüte zeigen sich rote Bartnelken (Dianthus barbatus) und Lavendel (Lavandula angustifolia). Die Hängeform der Hasel (Corylus avellana 'Pendula') in der Mitte rechts gibt mit den übrigen Gehölzen den nötigen Windschatten.

BEZAUBERNDER PATIO

Der Leitgedanke bei der Planung und Pflanzenzusammenstellung für diesen intimen Innenhof war ganz sicher, ein Füllhorn von Formen und Farben auszubreiten. Wenn man während des Sommers durch eine Tür oder ein Fenster in diesen Patio schaut, gewinnt man mit Sicherheit den Eindruck überbordender Wüchsigkeit und Freude. Die zum Verweilen einladende Holzbank nimmt man erst wahr, wenn man sich bereits mitten im Innenhof befindet.

Nahezu jede verfügbare Fläche wurde für das Aufstellen oder Arrangieren von Topfpflanzen ausgenutzt. Das Spalier an den Hauswänden bietet eine willkommene Kletterhilfe für rankende Pflanzen. Auf allen Ebenen strecken die Pflanzen dem Betrachter ihre bunten, duftenden Blüten entgegen.

Der Flechtzaun und ein Teil der Hauswand wurden mit einem kontrastreichen weißen Anstrich versehen – unverzichtbare Gestaltungselemente eines jeden südländischen Patios.

Oben: Einzelne Töpfe mit Pelargonien (Geranien) setzen wirksame Farbtupfer gegen das hübsche Blattwerk der Aukube (Aucuba japonica) .

☐ Aukuben sind bei uns als Kübelpflanzen leicht zu kultivieren, sogar in tiefem Schatten. Daher sind sie eine gute Empfehlung für etwas schattige Haushöfe. Dort behalten sie auch ihre hübschen gelben oder gelbgrünen Blattzeichnungen. Weibliche Pflanzen bringen im Spätsommer rote Beerenfrüchte hervor, sofern die Blüten bestäubt werden konnten.

Rechts: Petunien, Pelargonien, Chrysanthemen und Ziertabak – eine Fülle farbenfroher Sommerblumen, die allesamt in Pflanztöpfen wachsen und gedeihen. Schon wenige Ziertabakpflanzen (Nicotiana alata) erfüllen die Luft an lauen Sommerabenden mit einem feinen Blütenduft.

☐ Chrysanthemen gehören zweifellos zu den dankbarsten und anhaltendsten Blühern. Unvergleichlich ist auch ihre dekorative Wirkung in den unterschiedlichsten Umgebungen.

MODERNE ELEGANZ

Moderne Architektur erfordert auch ein gewisses Umdenken in der Gartengestaltung, sofern die gestalterischen Elemente nicht frontal aufeinanderprallen sollen. Zu einem Flachdachbungalow paßt mit Sicherheit kein verspielter Rokokogarten. Aber auch in einer modern gestalteten Umgebung kann Harmonie und Stil erreicht werden. Eleganz ist das Leitmotiv dieser Architektur und Gartenplanung.

Mit einfachen, aber fast theatralisch wirkenden Mitteln ist der Gartendesigner im vorgestellten Beispiel zu Werk gegangen. Die klaren Linien der ausgesuchten Gartenmöbel entsprechen in Material und Farbstellung ziemlich genau der Eingangsfront des Hauses. Vergleichbare Stilmittel treten auch in der Gestaltung des Gartenzauns (vgl. Abbildung S. 115 links) auf. Sogar die Pflanzgefäße sind auf dieses Form- und Farbempfinden abgestimmt.

Interessante Wirkungen werden mit dem Riesen-Bärenklau (Heracleum mantegazzianum), einer Architektenpflanze par excellence, erreicht. Bei dieser hochwüchsigen und ungemein dekorativen Pflanze ist allerdings Vorsicht geboten. Bei empfindlichen Personen können nach der Berührung der Pflanze allergische Hautreaktionen auftreten.

Obwohl der Pflanzplan für diesen Garten nur Formen und Strukturen in Grün vorsieht, treten hier und da auch ein paar Farbtupfer in Erscheinung. Das gesamte Design wirkt überaus überlegt und diszipliniert, dabei aber auch recht individualistisch und dennoch ruhig. Bedenkenswert ist auch, daß dieser Gartenzuschnitt keine zeitaufwendigen Pflegearbeiten erfordert.

1 Lilien im Pflanzgefäß an der Haustür

2 Sitzgruppe

3 Breitblättrige Funkie (Hosta sieboldiana)

4 Jungfernrebe (Parthenocissus tricuspidata)

5 Chrysanthemen im Pflanzcontainer

6 Rose im Pflanzcontainer

7 Klinker- oder Ziegelpflaster

8 Schattenliebende Farne (Chamaedorea elegans)

9 Bergpalme

Oben: Die geräumige Gartenterrasse wird flankiert von einer hohen Ziegelmauer mit dichtem Behang von Efeu und Jungfernrebe. Sichtbares Mauerwerk bildet den geeigneten Hintergrund für Strauchmargeriten (Chrysanthemum frutescens). Besonderes Interesse verdient der Oleander (Nerium oleander), der als Kübel- oder Containerpflanze auch im Winter wenig Probleme macht. Im Hochsommer entwickelt die giftige Pflanze rote, rosafarbene oder auch weiße Blüten.

Links: Der Riesen-Bärenklau (Heracleum mantegazzianum) erreicht bis zu 3 m Wuchshöhe. Die Pflanze ist zweijährig und bringt im ersten Jahr nur eine große Blattrosette, im zweiten den blütenstandtragenden Sproßteil hervor. Gewöhnlich gilt diese Pflanze als ungeeignet für dekorative Hausgärten, da der Pflanzensaft unangenehme Hautreizungen verursacht. Seine imposante Form und Erscheinung sind jedoch zu auffällig, um unbeachtet zu bleiben. Für moderne Gärten sind ein oder wenige Exemplare dieses Neulings unserer Flora zweifellos ein willkommenes Gestaltungsmittel.
Die dahlienähnlichen Blätter rechts vom Bärenklau gehören zu einer Zweizahn-Art (Bidens spec.). Sie bringen im Spätsommer gelbe Blütenstände hervor. Alternativ könnte man auch Mädchenauge (Coreopsis) verwenden, eine Staude, die recht üppige Bestände entwickelt und bis in den Herbst hinein blüht.
Oben: Die Rabatte wurden mit schattenverträglichen Arten wie Funkien (Hosta sieboldiana) oder Farnen gestaltet. Sehr geeignet sind die einheimischen Arten Wurmfarn (Dryopteris filix-mas) und Frauenfarn (Athyrium filix-femina).

GARTEN MIT FENSTER

Es mag vielleicht paradox erscheinen, daß für einen Garten eigens ein Fenster als praktisches und gestalterisches Element vorgesehen wird. In diesem kleinen Hausgarten, der an einen Patio erinnert, dient die Fensterkonstruktion jedoch als transparenter Windschutz. Um neugierige Blicke ebenfalls auszuschalten, wird Ornamentglas verwendet. Die Abbildung auf S. 117 links unten zeigt, daß mit dieser Lösung zwar Schutz, aber kein zusätzlicher Schatten erreicht wird. Das Ergebnis ist eine luftige, freie, sonnige Terrasse ohne Windbelastung.

Die Bepflanzung ist arten- und formenreich. Immergrüne und laubwerfende Gehölze wechseln einander ab. Vom Frühjahr bis in den Spätsommer kommen auch die verschiedensten Blütenfarben nicht zu kurz. Vor allem wurden Weiß, Rosa und Rot in reichem Maße verwendet. Die Sitzgruppe wird von einer sehr wirkungsvollen Bepflanzung mit Fleißigen Lieschen umrahmt.

Die scheinbare Unordnung der Bepflanzung, die von allen Seiten auf die Terrasse zu drängen scheint, wird durch das streng geometrische Muster der Steinplatten wieder ausgeglichen. Derartige Gegensätze sind das Geheimnis so manchen erfolgreichen Designs.

Die Darstellung auf dieser Seite zeigt den Garten im Frühling, mit Tulpen, Forsythien und anderen Frühblühern. Das Foto auf S. 117 gibt den Garten während des Sommers wieder. Die Bepflanzung wurde auf Vielseitigkeit der Eindrücke im Jahreslauf angelegt.

1 Hier blühen im Frühling Zwiebelpflanzen, im Sommer Fleißige Lieschen

2 Essigbaum (Rhus typhina) mit Hopfen und Efeu

3 Regelmäßiges Rastermuster der Steinplatten im Terrassenbereich

4 Windschutzfenster

5 Wechselnde Containerpflanzen

6 Gartenbank mit Sitzgruppe

7 Tulpen im Windschutz

8 Wein am Spalier begrünt die Hauswand

Oben links: Wein (Vitis vinifera) ist eine sehr empfehlenswerte Kletterpflanze. An sonnigen Wänden steht eventuell sogar eine Traubenernte in Aussicht. Die großflächigen, dichtstehenden Blätter bilden einen nahezu lückenlosen grünen Vorhang, unter dem eine ganze Hausfassade verschwinden kann.

Unten links: Der Essigbaum (Rhus typhina) dient als Kletterhilfe für einen Hopfen (Humulus lupulus). Verschiedene Efeu-Varietäten dienen als Bodendekker, effektvoll durchsetzt mit einigen kräftigen Sommerblühern. Im Hintergrund ist die Rahmenkonstruktion des Windfensters zu erkennen, welches das Kleinklima dieses Gartens ungemein günstig beeinflußt.

Oben: Die recht einheitlich grauen Steinplatten des Terrassenbodens sollen nicht verdeckt werden – die Blumentöpfe bleiben daher nur in der Umrandung. Zwischen dem Plattenmuster und der Blattfülle besteht eine interessante gestalterische Spannung.

EXOTISCHE MINIATUREN

Die Gestaltung dieses dreieckig zugeschnittenen Hofstücks mit seinem allseitigen Mauerwerk beweist, daß man mitunter von festen und erprobten Regeln ablassen muß, um mit Phantasie und Überlegung dennoch ein vorzeigbares Ergebnis zu erreichen. Selbst an den unwahrscheinlichsten Stellen läßt sich durch geschickte Gestaltung immer eine Verbesserung von Aussehen und Wirkung erzielen.

Aus technischen Gründen konnten in den vorgefundenen Betonelementen keine Vertiefungen für Pflanzen geschaffen werden. Daher wurden wie in einem südländischen Patio möglichst viele Schalen, Töpfe und Hängeampeln neben anderen Hilfen untergebracht. Alte Tische, Stammstücke und Ziegelsteine gehören zu diesem Inventar. Auf den verschiedensten Ebenen können nun Pflanzen dekorativ gedeihen.

Kleinstgärten, die in dieser eher zufällig erscheinenden Weise zusammengestellt wurden, sind trotz ihrer kleinen Abmessungen recht pflegeaufwendig. Alle Pflanzgefäße müssen bei warmem, trockenem Wetter nahezu täglich gewässert werden.

Häufig enthält die Blumenerde zum Eintopfen der Pflanzen einen hohen Anteil Torf. Dieses Pflanzmaterial trocknet jedoch relativ rasch aus und schafft dann besondere Probleme. Der ständige Einsatz der Gießkanne scheint daher unvermeidlich.

Eine gewisse Abhilfe ist dadurch möglich, daß man die Pflanztöpfe in einem Kiesbett unterbringt, welches einfacher dauerfeucht zu halten ist. Im Fachhandel sind andererseits auch automatische Blumentopfbefeuchter erhältlich. Bei vielen Blumentöpfen geht es jedoch nicht ohne meterlange Plastikschläuche, die die Gesamtwirkung gewiß empfindlich stören würden.

1 Kleiner Wandspiegel

2 Blumentöpfe auf kleinem Gartentisch

3 Pflanzkästen auf der Mauerkrone schaffen zusätzliche Abgrenzung

4 Stellfläche mit Blumentöpfen: Die Pflanzen werden zum Licht gehoben

5 Topfpflanzen auf niedrigem Beistelltisch

6 Zugang

Rechts: Die fingerblättrige Zimmeraralie (*Fatsia japonica*) bringt einen gewissen Hauch von Exotik und Dschungel in die kleine Welt dieses Patios. Auf dem ausrangierten Kaffeetischchen finden sich Töpfe mit höchst unterschiedlichen Pflanzen, darunter auch eine sehr schöne Guzmania-Hybride. Ein derartig abgeschlossener Garten auf der Hausrückseite kommt nicht ohne kräftige Farbtupfer aus. Begonien, Astilben, Gauklerblumen und andere Arten sind relativ schattenverträglich. Auf sonnigeren Kleinstflächen gedeihen fast alle blühkräftigen Sommerblumen.

Unten: Gerade bei beschränkten räumlichen Verhältnissen kommen Ampeln und andere Hängegefäße besonders gut zur Geltung. Ziegelmauern gewinnen oftmals auch schon allein durch einen hellen Anstrich, der mit den Mini-Hängegärten angenehm kontrastiert. Ein leichter Anflug von Moos- oder Algenaufwuchs erhöht zusätzlich den besonderen Reiz bepflanzter Wände. Apart erscheint auch die Vase mit totem, etwas abstrakt wirkendem Gezweig. Nur wenige Blüten, etwa eine Glockenblume (Campanula isophylla), bringen Farbpunkte in diese stille Harmonie.

Oben: Blumenkästen auf der Mauerkrone bieten zusätzlichen Sichtschutz zwischen benachbarten Gärten, weil sie die Grenzmauer ohne Aufdringlichkeit erhöhen. Die Bepflanzung mit Lobelien und anderen Ampelpflanzen verdeckt den aufragenden Holzzaun im Hintergrund.

☐ Die Zebra-Tradeskantie (Zebrina pendula Syn. Tradescantia zebrina), effektvoll in Töpfen zwischen den Blumenkästen gepflanzt, trägt besonders zur Verschönerung der Flächen bei. Die beliebte Ampelpflanze muß bei uns frostfrei überwintert werden.

☐ Der Spiegel an der Mauer ist sicherlich zu klein, um den grünen Hauswinkel optisch zu vergrößern, bildet jedoch einen hübschen Blickfang besonders bei Sonnenschein.

☐ Die bepflanzte Riesenmuschel auf dem kleinen Tisch ist zugegebenermaßen ein recht ungewöhnliches, aber sehr dekoratives Pflanzgefäß. Solche mehr oder weniger improvisierten Pflanzgefäße müssen jedoch immer ein Abflußloch zur Drainage des Gieß- und Regenwassers aufweisen.

DRAUSSEN VOR DER TÜR

Als grüner Freizeit- oder Aufenthaltsraum ist dieser kleine Garten mit seinen bescheidenen Abmessungen von etwa 5×6 m viel zu klein. Der Entwurf geht daher von einer anderen Funktion aus: Er soll durch eine große Glastür vom Wohnhaus aus erlebt und genossen werden. Aus diesem Grunde wurde auch für den Bodenbelag das gleiche Material wie im Haus verwendet. Die Pflanzstreifen wurden dagegen mit größeren Kieselsteinen abgedeckt, damit nicht allzu viel Schmutz verbreitet wird. Außerdem wirken diese gerundeten Steine sehr dekorativ und als Kontrapunkte zum Plattenmuster.

Der geschlossene Holzzaun wurde stellenweise durch Spalier ergänzt, so daß Kletterpflanzen bis zur oberen Begrenzung emporwachsen können. Der teilweise dichte Bewuchs an allen drei Seitenwänden ist andererseits auch ein wirksamer Ausgleich für den ansonsten mangelnden Pflanzraum. Die Technik des „vertikalen Gärtnerns" liegt auch der Begrünung der beiden frei aufgestellten Holzrahmen zugrunde, die etwas an eine kleine Pergola erinnern sollen. Der Zugang zum Patio durch die Glastür beginnt somit unmittelbar an einer grünen Kulisse.

Die Blickwirkung der Gesamtdisposition aus dem angrenzenden Wohnraum wurde planerisch sorgfältig erwogen. Das quadratische Wasserbecken und seine grüne Kulisse werden so auch zu Elementen der Innenarchitektur.

1 Das Spalier vor den Bretterwänden erweitert den Pflanzraum

2 Steinstatue mit großblättrigen Funkien an der Basis

3 Lockere Mischbepflanzung mit Fingerhut, Farnen und anderen Halbschattenarten umgibt den Beckenrand

4 Quadratisches Becken mit einer Seerose und einer kleinen Gruppe Wasserschwertlilien

5 Kletterrosen

6 Zwei unbepflanzte Bodengefäße

7 Dicht gepackte Rundsteine brechen die Monotonie des Bodenbelags

8 Zugang zum Patio

Links: Der erhöhte Beckenrand bringt einen Wechsel der Kontur und der räumlichen Wirkung, obwohl zur Einrahmung das Material des Bodenbelags verwendet wurde. Die dekorative Pflanze im Vordergrund ist ein Medizinalrhabarber (Rheum palmatum).

□ Mit dem zentralen Becken, das ebensogut auch als Pflanzfläche hätte genutzt werden können, entsteht gleichzeitig ein (allerdings nicht gänzlich passierbarer) Rundweg – eine Illusion, die raumvergrößernd eingesetzt wurde.

Oben: Das feingliedrige Blattwerk der Farne und des Bambus sind der richtige Hintergrund für die dekorative Bodenvase. Man sollte durchaus der Versuchung widerstehen, alle vorhandenen Gefäße restlos zu bepflanzen. Auch eine leere Vase oder Schale kann einen ästhetischen Eigenwert entwickeln.

ERINNERUNG AN SPANIEN

Spanische Anklänge sind in diesem kleinen Patio überhaupt nicht zu übersehen. In Cordoba, im Herzen des spanischen Andalusiens, kann man ständig durch schöne Schmiedeeisengitter in solche Hausgärten blicken, wenn man durch die engen Gassen wandert.

Die Gestaltung eines solchen Gartens in einem eng bemessenen Haushof ist zweifellos eine Kunst für sich. Bevor man an die Bepflanzung oder auch nur an die Auswahl der Pflanzen geht, muß Klarheit darüber bestehen, wieviel Licht im Sommer oder zu anderen Jahreszeiten einfällt. Es gibt Patios, in die selbst im Hochsommer die Sonne nur für kurze Zeit scheint. Hier kann die Auswahl natürlich nur schattenliebende oder -verträgliche Pflanzenarten berücksichtigen. Viele Hofgärten erhalten jedoch auch eine Menge direktes Sonnenlicht und profitieren zusätzlich davon, recht wirksam gegen den Wind geschützt zu sein. Hier empfehlen sich dann natürlich verschiedene Licht- oder Sonnenpflanzen, so wie die Fuchsie am Treppenaufgang im Bild unten rechts.

In diesem Patio wird die Licht- und Raumwirkung durch einen großen Wandspiegel verstärkt. Einfallendes Licht wird auch in die dunkleren Winkel reflektiert. Aufhellend wirken dabei natürlich auch die weißen Wände. Durch seine Breite vergrößert der Spiegel gleichzeitig die tatsächlichen räumlichen Abmessungen. Eine geschickt vor der Spiegelwand plazierte Pflanzgruppe kann daher wie ein Miniatur-Dschungel erscheinen.

1 Ziegeleingefaßte Pflanzbeete auf verschiedenen Ebenen

2 Ziegeleingefaßtes Eckbeet mit Hortensien und anderen dekorativen Pflanzen

3 Waldrebe (Clematis) rahmt den Wandspiegel ein

4 Fuchsien in formschönem Pflanzgefäß versprechen lange Blütezeit und interessante Farbeffekte

5 Statuen

6 Großer Wandspiegel verbessert die Raumwirkung

7 Schubkarre als Pflanzgefäß für Sommerblumen

8 Zugang zum Wohnhaus

9 Steintrog mit klassischen Sommerblumen

Links: Zwei unterschiedlich hohe, von Ziegelmauerwerk eingefaßte Pflanzbeete sind mit Pelargonien, weißen Petunien und Lobelien geschickt gestaltet worden. Der Treppenaufgang mit seinen einfachen Holzpfosten wird durch eine sehr formschöne Pflanzschale mit roter Fuchsie zum eleganten Blickfang. Unter der Treppe rankt sich eine Weinrebe (Vitis vinifera) empor. Die Aufnahme entstand im Hochsommer. Im Frühjahr bringt Jasmin (Jasminum nudiflorum) oder die Säckelblume (Ceanothus spec.) am Spalier im Hintergrund interessante Farbeffekte.

Oben: Fuchsien, Pelargonien, Bechermalven und Lobelien wurden in diesem Pflanzgefäß zu einem wundervollen Arrangement zusammengestellt, das fast schon ein wenig künstlerisch wirkt.
☐ Lebende Blumengebinde in formschönen Pflanzgefäßen sind unverzichtbarer Bestandteil eines echten Patios. Sogar Seerosen kann man gegebenenfalls in kleinen Wasserbehältern aus Keramik zur Blüte bringen. Die Zwergseerose *Nymphaea tetragona* begnügt sich sogar mit der Wasserfüllung einer ziemlich flachen Schale.

Rechts: Den großen Wandspiegel überragt ein schönes Ziergitter mit einer Waldrebe (*Clematis x jackmanii*), deren auffällige Blüten in lebhaftem Kontrast stehen zu den Blütenköpfen der weißen Hortensie im leicht erhöhten Pflanzbeet rechts. Dieses Beet wurde mit einer Ziegelmauer eingefaßt.
Der Wandspiegel verdoppelt den alten Steintrog mit seiner bunten Mischung Fleißiger Lieschen, ebenso die beiden Statuen. Im Spiegelbild erkennt man ferner eine alte Schubkarre aus Holz, die mit Pelargonien und anderen Sommerblumen effektvoll bepflanzt wurde.

FERNÖSTLICHE EINDRÜCKE

Minutiöser und geduldiger Umgang mit der Gehölzschere mehrmals im Jahr, dazu auch der regelmäßige Schnitt des Rasens und sorgsame Pflege der Pflanzbeete sind erforderlich, damit dieser Garten seine eigentliche Attraktivität behält. Immergrüne Gehölze und Bodendecker sind die wesentlichen Zutaten zu dieser eindrucksvollen Szenerie – ein Garten im fernöstlichen Stil, wie er auch zunehmend in Mitteleuropa anzutreffen ist.

Solche Gärten könnten andererseits auch relativ statisch und steif erscheinen. Außerdem bringen sie im Jahresablauf verhältnismäßig wenig Abwechslung. Andererseits kann man bei gelungener Planung dennoch über das Jahr hinweg seine Freude an diesem ungewöhnlichen Gartenstil empfinden. Der Erfolg hängt weitgehend davon ab, ob man jedem Strauch oder Baum zu genau der Skulpturierung verhelfen kann, die seine spezifischen Qualitäten am ehesten hervortreten läßt. Jedes Gehölz wirkt dabei für sich allein. Es erhält durch Beschnitt eine individuelle Form, die in einem japanischen Garten auch gleichzeitig eine besondere symbolische Bedeutung hat. Gerundete und in kleinere Portionen aufgelöste Baumkronen sollen beispielsweise an eine Hügellandschaft oder an eine zerklüftete Klippenküste erinnern – Landschaftsformen, von denen japanische Gärten eine Menge Inspiration erfahren haben.

Bei der Planung eines solchen Gartens muß die weitgehend fehlende Blütenfarbe durch besonders interessante Formen und Strukturen des übrigen Bewuchses ausgeglichen werden. Gleichzeitig kann man hierbei sehr effektvoll mit den unterschiedlichsten Grünschattierungen arbeiten.

Oben: Die Scheinzypresse (Chamaecyparis spec.) an der Gartentür des Hauses wurde durch Schnitt in eine bizarre, aber effektvolle Säule umgeformt. Mehrmals im Jahr ist regulierender Schnitt erforderlich. Von der Seite rankt eine Kürbispflanze (Cucurbita pepo) herüber.

1 Sehr kurz gemähter Zierrasen

2 Trittsteine, eingelassen in Kiesschüttung

3 Inselartiges Pflanzbeet mit ornamental geschnittenen Kiefern und Fächerahorn

4 Die geschnittene Sawara-Scheinzypresse bietet einen geradezu atemberaubenden Anblick (Foto S. 126)

5 Bonsai-artiger Apfelbaum in Pflanzgefäß (Foto S. 127)

6 Ornamental geschnittenes Nadelholz beim Eingang zum Wohnhaus

Links: An den Ästen dieser Kiefern wurden die nadeltragenden Kurztriebe weitgehend entfernt, um an den Zweigenden das Nadelwachstum anzuregen. Dadurch erscheint die immergrüne Belaubung der Bäume wie dichte, grüne Wolken. Die Krone des hellaubigen Fächerahorns (Acer palmatum) neben der Kieferngruppe wurde dagegen zu einer ziemlich regelmäßigen Halbkugel geschnitten, die hier im Spätsommerkleid fotografiert wurde. Kurz vor dem Laubaustrieb des Ahorns beginnen die Azaleen zu Füßen der Kiefern mit ihrer Blüte und sorgen dann für kurze Zeit für kräftigere Farbwirkungen. Unter der runden Ahornkrone wurden einige Begonien gepflanzt.
□ **Begonien** (Begonia-Semperflorens-Hybriden) sind einzigartig unter den einjährigen Sommerpflanzen, denn sie gedeihen und blühen selbst unter stärkeren Schattenbedingungen. Für mindestens zwei Monate bleiben sie blühaktiv.

Die Sawara-Scheinzypresse (*Chamaecyparis pisifera*), ein immergrünes Gehölz mit feinen Schuppenblättern, erfüllt im Garten die verschiedensten Funktionen, vom hochwüchsigen Baum zur kastenförmig geschnittenen Sichtschutzhecke, vom Bodendecker bis zum kunstvoll geschnittenen Dekorationsstück wie im vorliegenden Fall. Bis die kugeligen Teilkronen ihre regelmäßige, rundum geschlossene Form erreicht haben, ist mancher korrigierende Pflegeschnitt erforderlich.
□ Üblicherweise wird Buchsbaum (*Buxus sempervirens*), eines der wenigen immergrünen Laubgehölze, für den Formschnitt verwendet. Fast jeder alte Landsitz weist davon eindrucksvolle Beispiele auf. Buchs eignet sich dabei vor allem für Kugeln, Pyramiden, Wände und ähnliche exakte Gebilde von nicht allzu gewaltigen Abmessungen. Für Formhecken im größeren Maßstab wird mit besserem Erfolg die dunkelgrüne Eibe (*Taxus baccata*) verwendet. In botanischen Gärten und öffentlichen Parkanlagen finden sich meist mehrere verschiedene Heckentypen, so daß man deren Gestaltungsmöglichkeiten und Wirkungen unmittelbar miteinander vergleichen kann.

Links: Steine, einige verschieden hohe Stammstücke und die hochwüchsigen Ruten eines Schachtelhalms (Equisetum hyemale) in einer Kiesschüttung sind eine vergleichsweise einfache, aber interessante Zusammenstellung, wie sie gerade für japanische Gärten außerordentlich typisch ist. Der besondere Effekt beruht teilweise auf dem direkten Kontrast der verschiedenen, nicht maßstäblichen Materialien.

Oben: Durch entsprechenden Schnitt wurde ein gewöhnlicher, niederstämmiger Apfelbaum auf Bonsai-Proportionen gebracht. Sein Wurzelwerk steckt in einer großen Pflanzenschale und erfährt dort nur begrenzte Ausdehnungsmöglichkeiten. Zusammen mit dem großen Stein und dem grünen Bodendecker entsteht der Eindruck einer Miniatur-Landschaft. Eine besondere Wirkung kommt auch dadurch zustande, daß die reifenden Äpfel – unabhängig von der Größe des Bonsai-Baumes – die art- und sortentypische Größe erreichen.

THEATERKULISSE

Eine überaus einfallsreiche Planung und dazu die sorgfältige Auswahl von Material und Pflanzgut haben in diesem Fall einen fast schon luxuriös erscheinenden Garten zustande gebracht, dessen räumliche Wirkung an eine aufwendig ausgestattete Bühne erinnert. Tatsächlich übernehmen hier auch fast alle größeren Pflanzen besondere Solorollen. Die Steinarbeiten sind sehr sorgfältig ausgeführt worden. Auch alle übrigen verwendeten Materialien sind von ausgesuchter Qualität und Wirkung.

Die Terrassenfläche ist immer noch groß genug, um Gartenstühle und Tische für erholsame, entspannende Stunden aufzustellen. Andererseits erscheint sie auch nicht übermäßig groß bemessen im Vergleich zu den übrigen Teilflächen dieses Gartens. Ihre Begrenzung wurde aus einfachen, aber interessant miteinander verbundenen geometrischen Formen entwickelt. Besondere Wirkung wird vor allem durch die ausgesuchten Topf- und Kübelpflanzen erzielt, vor allem die dekorativen Funkien und Agaven, die geradezu strategisch plaziert zu sein scheinen.

Die Terrasse wurde mit unregelmäßig geformten, unterschiedlich großen Steinplatten belegt. Die Verfugung wurde recht breit gewählt, um die individuellen Formen der einzelnen Plattenfragmente klarer hervortreten zu lassen. Dieser handwerkliche Trick empfiehlt sich auch für die Verarbeitung rechteckiger oder quadratischer Platten, denn auch dabei fallen die einzelnen Stücke immer ein wenig unterschiedlich aus.

Der Rasen bietet eine genügend große Spiel- oder Liegefläche. Interessante Effekte treten auf, wenn das Sonnenlicht wechselnde Schatten auf die horizontale Fläche wirft. Eine wohlsortierte Mischung aus kleinen Bäumen und Sträuchern, aus Stauden und sommerblühenden Kräutern bildet die Randbepflanzung zu den Gartengrenzen. Für jede Jahreszeit ist ein geeigneter Blickfang darunter.

Durchbrüche oder Durchgänge, die etwas von dem Grün in der Nachbarschaft erahnen lassen, tragen sehr zur optischen Vergrößerung eines Gartens bei. Im vorliegenden Fall wurde ein ungemein formschönes Schmiedegitter in die Gesamtgestaltung eingebaut. Zum besonderen Charakter dieses Gartens tragen auch weitere Schmuckelemente bei, etwa die kleine stilisierte Pflanzschale über dem Torbogen oder die dekorativen Einzelheiten im gemauerten Gartenwinkel, der Assoziationen an ein antikes Ambiente hervorruft.

Anfangs erscheinen so gründlich geplante und ausgeführte Gärten wie die hier vorgestellte Anlage etwas steif und formell. Dieser Eindruck verwischt sich jedoch mit der Zeit, wenn die Pflanzen wachsen und überall die strenge Anfangsdisziplin durchbrechen.

Rechts: In dieser Bepflanzung kommen höchst unterschiedliche Blattformen und -farben zusammen: Vom linken Bildrand her ragen die Blätter des Blauglockenbaumes (*Paulownia tomentosa*), fast so groß wie Elefantenohren, herüber. Im Hintergrund zieht ein großlaubiger Wein (*Vitis coignetiae*) am Spalier die Blicke auf sich, unterstützt von dichtem Efeu. Abweichende Blattformen zeigen die hübschen Funkien (*Hosta sieboldiana*), die weißstreifige Palmlilie (*Yucca filamentosa* 'Variegata') und eine gelb berandete Agave (*Agave americana* 'Marginata') in den großen Pflanztöpfen im Vordergrund. Der Halbbogen in der Ziegelsteinmauer, eingerahmt von Ageratum, bildet den passenden Hintergrund für eine hübsche Statue.

1 Üppiger Farn in Pflanzgefäß (Polystichum setiferum)

2 Hellgrünlaubige Robinie (Robinia pseudoacacia 'Frisia')

3 Großwüchsiger Blauglockenbaum (Paulownia tomentosa) mit spektakulären Blüten im Frühling

4 Bogendurchgang mit Schmiedegitter läßt den Garten größer erscheinen

5 Erhöhtes Pflanzbeet mit Sommerblumen wie Leberbalsam (Ageratum)

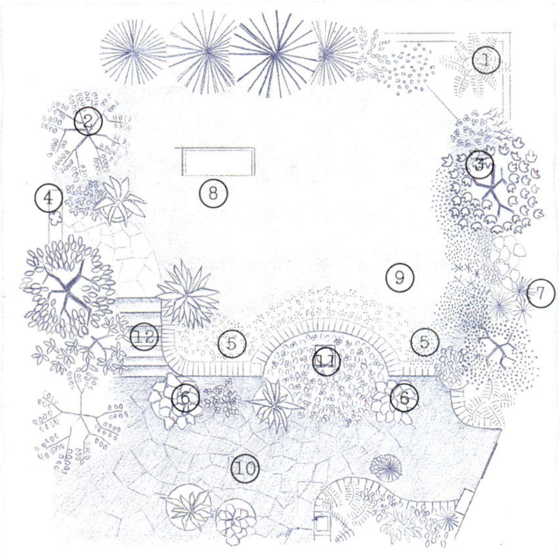

6 Funkien (Hosta sieboldiana)

7 Immergrüne Säulenwacholder bieten interessante Formen und bleibende Konturen

8 Gartenbank

9 Rasenfläche

10 Plattengedeckte Terrasse

11 Statue

12 Stufen zur höher gelegenen Rasenfläche

Oben: Wie ein aufgeschlagenes Buch wirkt diese elegante Ecklösung für den Garten, die in warmtonigem Ziegelmauerwerk ausgeführt wurde. Eine Rundbogennische gibt Raum für eine farblich passende Büste. Die angedeuteten Fensternischen sind von einem leicht vorspringenden Rahmen umgeben. Der üppige Farn in einem attraktiven Pflanzgefäß lenkt das Auge von einer zu genauen Betrachtung der weiteren Umgebung ab. Diese Gartenecke strahlt eine fast monumentale Ruhe und Abgeschiedenheit aus.

Rechts: Ein schmiedeeisernes Gartentor ist in jedem Fall eine gestalterisch hervorragende Lösung. Bei diesem Tor wurde im Bogenteil ein Spinnwebmotiv aufgegriffen und ansprechend umgesetzt. Efeu und Jungfernrebe sind dabei, sich die aufragende Torummauerung zu erobern. Gegen diese Kletterpflanzen setzt sich die schön gezeichnete Agave klar ab. Zusätzliche Gelbtöne bringt eine Robinie (*Robinia pseudoacacia* 'Frisia').

KONTROLLIERTE WILDNIS

Auf den ersten Blick erscheint es fast unglaublich, daß dieser stimmungsvolle und auf sympathische Weise verwilderte Garten tatsächlich am Rande der Stadt liegt. Jegliches städtische Lebensgefühl ist jedoch von dieser kleinen Gartenfläche gewichen, wozu die reiche und vielfältig durchgliederte Vegetation sicherlich enorm beiträgt. Hochwüchsige Ziergräser (Miscanthus sinensis) verdecken den Hintergrund. Die Tulpen, die den Frühjahrsaspekt bestimmen, bringen gegenüber der ornamentalen Wirkung dieser Gräser etwas lieblichere Formen in den Raum. Ebenso stellen auch die großblättrigen Bergenien ein gewisses Gegengewicht dar.

In dieser unbekümmerten Wildnis setzen sich natürlich auch sommerblühende Stauden wie die Sonnenhüte (Rudbeckia) (vgl. Foto links unten) auf jeden Fall durch. Diese robusten, blühkräftigen Pflanzen fallen immer dann besonders auf, wenn sie zu einer größeren Gruppe arrangiert wurden.

Von der Terrasse aus betrachtet, bewahrt der Garten seine Geheimnisse: Die genauen Abmessungen sind auf den ersten Blick nicht exakt abzuschätzen. Das Auge verliert sich in der strukturreichen, grünen Hintergrundkulisse. Schattenwirkungen durch die Bäume im und hinter dem Garten verstärken diesen Effekt. Farne und andere schattenverträgliche Arten gedeihen hier besonders üppig.

Links: Sonnenhüte (Rudbekkia) sind außerordentlich attraktive und dankbare Gartenblumen. Auch eignen sie sich hervorragend als Schnittblumen für die Vase. In vielen Varietäten mit abweichenden Farbstellungen und Wuchshöhen sind sie in den Gartencentern erhältlich. Die Blütezeit fällt in die Spätsommer- und Frühherbstwochen.

1 Tulpen und Vergißmeinnicht

2 Trittsteine im Rasen

3 Sonnenhut (Rudbeckia) als Staudengruppe

4 Hochwüchsiges Ziergras (Miscanthus sinensis)

5 Hochstauden

6 Waldreben (Clematis montana oder C. x jackmanii)

7 Lattenzaun auf niedriger Ziegelmauer

8 Treppenstufen zum höheren Gartenteil

9 Storaxbaum (Styrax japonica)

10 Vertiefte Terrassenebene

Oben: Exotische Üppigkeit kennzeichnet die artenreiche Bepflanzung dieses kleinen Gartens. Bergenien grenzen das erhöhte Pflanzbeet gegen die Treppe ab. Die breitblättrige, kräftige Pflanze treibt im Frühjahr hübsche rosafarbene Blütenstände. Dahinter steigen die stämmigen Äste eines kleinen Storaxbaumes auf (Styrax japonica), der hübsche weiße Blüten hervorbringt. Links von der Treppe sind eine Bergpalme und ein gerade blühender Hibiskus zu sehen.

Rechts: Flache Steinplatten, unregelmäßig in die Rasenfläche eingelassen, ermöglichen auch bei feuchtem Wetter den Zugang. Außerdem wirken sie ihrerseits als interessante Musterbildung im gleichförmigen Grün des Rasens. Mit den ornamentalen Blumentöpfen kommen wechselnde Pflanzebenen und damit räumliche Wirkungen im kleineren Maßstab hinzu.

Oben: Mit einem sehr hochwüchsigen Ziergras (Miscanthus sinensis) und einer Waldrebe (Clematis-Hybride 'Nelly Moser') wird die Begrenzung des Gartens völlig verdeckt.

□ Auch wenn der Garten bereits dicht bepflanzt ist, kann man mit einigen zusätzlichen Blumentöpfen oder anderen Pflanzgefäßen weitere abwechslungsreiche Farben und Formen einbringen.

Oben: Die gruppenweise Anordnung von Tulpen und anderen Zwiebelpflanzen garantiert bereits zeitig im Frühling spektakuläre Farbwirkungen. Im Bildbeispiel sind zwei verschieden gefärbte Darwintulpen mit einer kleinblütigeren, gelben Sorte im Wechsel angepflanzt worden. Kaukasusvergißmeinnicht (Brunnera macrophylla) bildet mit seinen zarten blauen Blütenständen einen hübschen Vordergrund.

□ Ein Nachteil der Zwiebelpflanzen besteht zweifellos darin, daß sie ihren Pflanzraum weitgehend blockieren und nach der Blüte nicht ohne weiteres gegen eine Sommerbepflanzung ausgetauscht werden können. Diese Möglichkeit bietet sich nur, wenn die Zwiebeln in Pflanzkörbe aus dauerhaftem Kunststoff gesetzt werden. Die Körbe kann man nach der Blüte wieder ausgraben und die Zwiebeln darin außerhalb des Beetes ausreifen lassen. Erst im Herbst werden sie erneut ausgepflanzt. Dieser ständige Wechsel ist verhältnismäßig zeitaufwendig.

SCHÖNHEIT DES DETAILS

In diesem zauberhaften Garten werden die unterschiedlichsten Gestaltungselemente auf geschickte Weise miteinander kombiniert. So finden sich hier kleine Wasserflächen, Rasenstücke, Zwergkoniferen, Steingartenpflanzen, Pflanzgefäße unterschiedlichster Art und eine überaus bunte Mischung aus Stauden und einjährigen Sommerblumen. Die Abtrennung des rückwärtigen Gartenteils ist ein gelungenes Mittel zur perspektivischen Verlängerung des Grundstücks.

Die beiden Wasserbecken an den jeweiligen Gartenenden werden durch eine Folge von Trittsteinen räumlich aneinandergebunden. Der Trittpfad verläuft nicht exakt geradlinig, sondern in flachem Bogen. Dadurch wird der Blick unmittelbar auf den hübschen Bogen gelenkt und entdeckt sofort dahinter ein rundes Wasserbecken mit einer Nymphe.

Mehrfach werden in diesem Garten relativ schmale Durchgänge zur Betonung der räumlichen Tiefe eingesetzt, etwa an der Stelle, wo zwei gegenüberliegende, leicht erhöhte Pflanzbeete förmlich aufeinanderzuwachsen. Mit Hilfe solcher Elemente kommt ein interessanter Bewegungsablauf zustande.

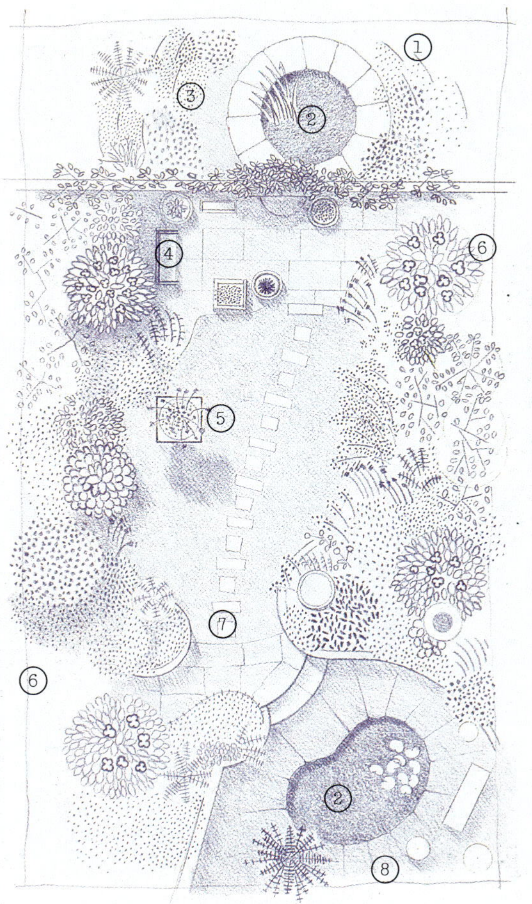

1 Abgetrennter Zaubergarten

2 Wasserbecken

3 Stein- und Blockwerk zur Steingartenbepflanzung

4 Sitzgelegenheit (vom Haus nicht sichtbar)

5 Transportables Pflanzgefäß

6 Grenzmauer hinter Strauchbepflanzung

7 Trittsteine im Rasen

8 Plattenbelag der Hausterrasse

Oben: Auch ein kleiner Seerosenteich im Garten ist immer ein besonderer Attraktionspunkt, selbst wenn er sich recht eng an das Wohnhaus anlehnt. Eine dunkle Wasserfläche bildet mit den formschönen Schwimmblättern und -blüten der Seerosen angenehme Kontraste. Solche kleinen Teiche können nicht gleichzeitig mit Seerosen bepflanzt werden und als Springbrunnen dienen, denn die Pflanzen benötigen tiefes, völlig ruhiges Wasser zum Gedeihen. Im Herbst sterben die Blätter ab – die Seerose zieht sich auf ihren mächtigen, im Bodenschlamm steckenden Wurzelstock zurück. Gefrieren der Wasserfläche kann ihr daher nichts anhaben.

□ Die Steinbank im Hintergrund besteht aus einem wiederverwendeten ornamentalen Stück. Solche gewichtigen Skulpturen benötigen eine dichte Hintergrundbepflanzung zum visuellen Ausgleich.

Rechts: Durch diesen schönen Bogen, üppig überwachsen von purpurner und weißblühender Clematis x jackmanii, wird ein kleiner Garten im Garten abgetrennt. Der Bogen ist eine sehr transparente, formschöne Konstruktion aus Schmiedeeisen, dessen senkrechte Streben aus spiralig gedrehten Elementen bestehen. Die Nymphe auf dem Brunnenrand ist relativ klein und trägt dadurch zur perspektivischen Vergrößerung des abgetrennten Gartenteils bei.

□ Der Bogen wird durch asymmetrisch aufgestellte Pflanzgefäße zum Zugang zu einem besonderen, ein wenig geheimnisvoll wirkenden Garten. Glattwandige Schalen oder Kübel würden diesem Zweck nicht sehr dienen können. An dieser Stelle und für die benannte Funktion taugen nur besonders formschöne, etwas ungewöhnliche Terracottagefäße.

Oben: Nahe dem Teich wurde eine etwas feuchte, schattige Ecke erfolgreich mit Lavendelheide (*Pieris japonica 'Variegata'* mit weißgerandeten Blättern) und verschiedenen Rassen der Polei-Minze (*Mentha pulegium*) gestaltet. Als krautiger Bodendecker hätten auch Günsel oder Goldnessel verwendet werden können.

Rechts unten: Phantasievoll bepflanzte Steintröge vermitteln hier den Übergang von der plattengedeckten Terrasse zum Rasen. Eine Zwergform der interessanten Sicheltanne (*Cryptomeria japonica 'Vilmoriniana'*) bildet ein breites, ausladendes Polster, beidseits flankiert von eher moosig erscheinenden Steinbrech-Arten. Zwischen den beiden Steintrögen blüht das Mauerleinkraut (*Cymbalaria muralis*), hübsch harmonierend mit dem dunkleren Rosa der Nelken (*Dianthus caryophyllus*). Der untersetzte Säulenwacholder (*Juniperus communis*) im Hintergrund schließt diese konturenreiche Übergangsbepflanzung ab.

BLICK IN DIE VERGANGENHEIT

Großartigkeit verlangt nicht unbedingt nach ausgedehnten Räumen. Dieser Garten empfindet den Stil eines formalen Gartens aus dem 17. Jahrhundert nach und schafft dabei geradezu monumentale Effekte auf vergleichsweise kleiner Grundfläche.

Die Elemente, die im wesentlichen die Raumwirkung dieses Gartens bestimmen, sollen zwar den Eindruck massiver Steinarchitektur hervorrufen, bestehen jedoch aus besonders imprägniertem Holz: Der gewichtige Torbogen, seine beiden Tragsäulen, die Umrahmung der Grotte und auch die vier Holzsäulen an der offenen Seite des Gartens erhielten jeweils einen attraktiven, strukturbetonenden Anstrich.

Zur Raumteilung wurde vergleichsweise einfaches, geometrisch wirkendes Lattenwerk verwendet, wie es im 17. Jahrhundert allenthalben üblich war. Der Garten wird dadurch in mehrere unabhängig erscheinende Abteilungen gegliedert. Die dazwischen gepflanzten Eiben werden nach einiger Zeit zu dichten Hecken herangewachsen sein. Der Bodenbelag besteht größtenteils aus Kies. An vier Stellen wurden jedoch auch kleinere Rasenflächen eingestreut.

Der Plan besteht aus zwei sich kreuzenden Zentralachsen, in deren Überschneidung ein quadratisches Wasserbecken liegt. Alle Blicke durch die Anlage gehen über dieses Wasserbecken und enden an einer besonderen Rückseitengestaltung. Wenn man den Garten betritt, sieht man sich einer metallglänzenden Wand hinter einem steinernen Pflanztrog gegenüber. Wendet man sich zur anderen Achse, geht der Blick in eine nachgestellte Felsgrotte in Renaissancemanier.

Die Bepflanzung ist vergleichsweise spärlich. Zwei schmale Pflanzstreifen, von Buchs eingefaßt, bieten Raum für weiße Tulpen und Vergißmeinnicht. In anderen Pflanzstreifen wurde Frauenmantel (Alchemilla mollis) oder Lavendel (Lavandula angustifolia) verwendet. Kugelig und pyramidenförmig geschnittener Buchs (Buxus sempervirens) verstärkt die strenge Raumwirkung.

Für Ruhe und Erholung ist dieser strenge Gartentyp beinahe ungeeignet. Dennoch sind zwei Sitzgelegenheiten vorgesehen, von denen man große Teile der Anlage übersehen kann.

1 Metallene Wand mit interessantem Spiegeleffekt

2 Stilisierte Steingrotte

3 Sitzbänke

4 Rasenstücke

5 Eibenhecken innerhalb der Spaliere

6 Pflanzstreifen mit Weinraute

7 Pflanzstreifen mit Frauenmantel und Buchseinfassung

8 Vier Buchspyramiden umstellen das Wasserbecken

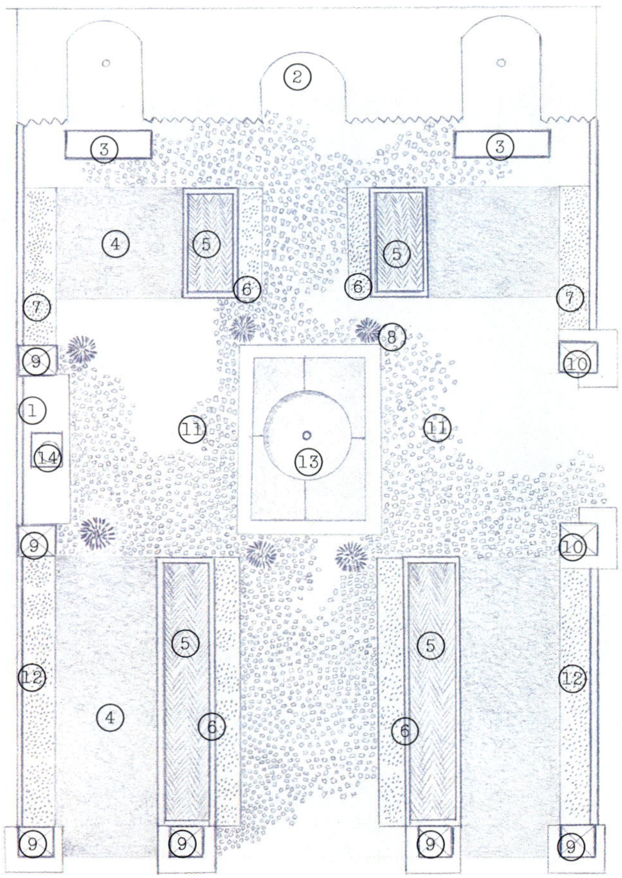

9 Holzpfosten mit dunkelgrünem Porenanstrich

10 Holzgezimmerter, massiv wirkender Bogen

11 Kiesbestreute Flächen

12 Pflanzstreifen mit weißen Tulpen und Buchseinfassung

13 Zentrales Wasserbecken

14 Metallkugel als Blickfang

Eine Steingrotte im Renaissancestil, umgeben von stilisiertem, überfrostetem Mauerwerk, bildet den spektakulären Hintergrund für eine Silberkugel und eine einzige dekorative Topfpflanze. Das quadratische Wasserbecken enthält ein sehr spielerisches Moment: Wenn man an der goldfarbenen Kugel dreht, bewegt sich die Scheibe im Becken und erzeugt interessante Reflexionsmuster.

Ein spiegelblanker, metallischer Ball ist der eindeutige Blickfang in diesem sorgfältig geplanten und ausgeführten Formgarten. Die massiven hölzernen Pylonen, die pyramidenförmig geschnittenen Buchsbäumchen und auch die Holzeinfassung der Rückwand zwingen den Blick auf das glänzende Objekt, das sich zudem in der perspektivisch richtigen Höhe befindet. Die Kugel scheint über einem steinernen Pflanztrog mit Blauschwingel (*Festuca cinerea*) zu schweben. In der gleichen Flucht befindet sich auch die goldglänzende Kugel über dem quadratischen Mittelbecken. Hier entsteht – ohne aufwendige Installation – die Illusion, als werde diese Kugel von einem aufsteigenden Wasserstrahl in der Schwebe gehalten. Die textile Bespannung des Lattenwerks im Vordergrund dient so lange der Blickabschirmung, wie die Eibenhecken noch nicht genügend hoch und dicht gewachsen sind.

RUND UMS ACHTECK

Für die Gestaltung eines sehr langgestreckten und schmalen Grundstücks kann man auf ein bewährtes Rezept zurückgreifen: Der Garten wird in zwei Rasenstücke aufgeteilt, die durch ein mehr geometrisch gestaltetes Zwischenstück verbunden werden. Im vorliegenden Fall wurde dazu ein Achteck gewählt. Mehrere konzentrische Achteckstrukturen aus Pflasterwerk und Pflanzbeeten überlagern sich dabei.

Dieses Grundschema kann auf vielfältige Weise abgewandelt werden. Die Umrandung könnte beispielsweise aus niedrigen Buchshecken bestehen, während der zentrale Teil von hübschen Parkrosen eingenommen wird. Im dargestellten Beispiel wurde im oktogonalen Pflanzstreifen eine noch schütter wachsende Lavendelpflanzung verwendet. Ziertabak (Nicotiana alata) im zentralen Teil sorgt für einen ersten visuellen Blüteneffekt. Im Randbereich fallen zwei Exemplare des Frauenmantels (Alchemilla mollis) sowie eine ausgesprochen dekorative Königskerze (Verbascum densiflorum) auf.

Schmale Streifen aus dem gleichen Plattenmaterial verbinden das Achteck mit der größeren plattengedeckten Terrasse beim Wohnhaus. Die schon üppig hochgewachsene Gehölzbepflanzung hat mehrere, bereits vorher vorhandene Sträucher einbezogen, etwa eine größere Weigelie oder auch die beiden Hänge-Weiden (Salix alba 'Tristis'). Stufenlos vollzieht sich im übrigen der Übergang zu den benachbarten Grundstücken.

1 Rasenflächen

2 Plattengedeckte Hausterrasse

3 Holzbank zwischen Pflanzkübeln (Bild S. 140)

4 Zierbirne (Pyrus salicifolia)

5 Kamelie (Camellia japonica) als Kübelpflanze

6 Ziertabak (Nicotiana alata)

7 Achteckiges Pflanzbeet mit Lavendel

8 Frauenmantel (Alchemilla mollis)

9 Dekoratives Pflasterwerk

10 Kletterrosen

11 Waldreben (Clematis)

Rechts: In diesem Achteck (im Bild dargestellt kurz nach der Erstbepflanzung) wurde auf eine blickfangende Statue in der Mitte verzichtet. Die gleiche fesselnde Wirkung kann auch durch eine besondere Bepflanzung erzielt werden. Ferner beruht die Ausgewogenheit dieser kleinen Anlage auf der Einbeziehung von Pflanzen mit unterschiedlich großem Blattwerk. Dies betrifft auch die Gehölze in der Umrandung von Steindeckwerk und Rasenstücken. Die dunkelgrüne Kamelie im Hintergrund bringt im Frühjahr auffällige Blüten hervor.
☐ Eine interessante Alternative zur räumlichen Trennung der Gartenteilflächen ist ein runder oder auch achteckiger Gartenteich.

Oben: Eine rankende, rosablühende Rose lockert das fast undurchdringliche Blattdickicht mit Form und Farbe auf.

☐ Rankende Rosen sind nur bedingt einer Kletterrose vergleichbar. Sie zeichnen sich durch lange, flexible, zuletzt in weitem Bogen überhängende Äste aus, die einen reichen Blütenflor hervorbringen. Auf einer geeigneten Unterlage können auch diese Rosen beachtliche Wuchshöhen erreichen. Gerne werden sie beispielsweise dazu verwendet, um niedrige Wallhecken zu begrünen oder hochragendes Totholz zu verschönern.

Rechts: Eine formschöne Holzbank, flankiert von zwei hölzernen Pflanzkübeln, wird von einer Zierbirne (Pyrus salicifolia) überwachsen. Die Blätter dieses Gehölzes sind bis zum Sommer silbrig behaart.

Links: Unübersehbar sind die großen weißen Blüten einer Waldrebe (Clematis). Die großblütigen Arten und Sorten blühen zu Beginn des Sommers und ein zweites Mal im Frühherbst – vorausgesetzt, sie wurden nicht zu stark zurückgeschnitten.

Oben: Schwertlilien (Iris) besitzen besonders eigenartige und ausgesprochen attraktive Blüten. Nach der Blütezeit bleiben die großen Schwertblätter als Schmuckwerk der Bepflanzung noch bis zum Spätherbst erhalten.

DIAGONALEN BRINGEN BEWEGUNG

Die japanische Auffassung von einem Ziergarten ist in dieser Anlage gewiß nicht zu übersehen: Kennzeichnend ist die Verbindung immergrüner Gehölze, attraktiver Einzelpflanzen und offenliegendem Holz. Auch die pilzförmige Steinlaterne (siehe unten rechts) trägt zu diesem Eindruck bei. Aber trotz seiner deutlichen fernöstlichen Anklänge paßt dieses Gartendesign zweifellos auch zu abendländischem Temperament.

Auffallend erscheinen zunächst einmal die in Diagonalen angeordneten Planken- und Balkenelemente, wobei die letzteren in den Kiesboden eingelassen und senkrecht zu den offenliegenden Teilen verlegt sind. Die Grundfläche erscheint dadurch als große, nicht recht überschaubare Holzskulptur im Bodenniveau. Diagonalen bringen immer eine gewisse Bewegung in einen Plan. In anderen Fällen könnte man ähnliche Effekte mit ziegelsteingepflasterten Gartenwegen erreichen.

Die immergrünen Gehölze, die den zentralen Gartenteil umschließen, schaffen ein Gefühl der Ruhe und Abgeschiedenheit, bieten dem Auge aber dennoch interessante Strukturen und Formempfindungen. Verschiedene Grünschattierungen wurden in der Bepflanzung verwendet. Farne und andere schattenliebende Arten bilden die unterste Vegetationsschicht. Nur die Rhododendren bringen im Frühjahr etwas Farbe in die Szenerie.

Die asketische Strenge der Holzplanken muß durch eine besonders reichhaltige Hintergrundbepflanzung ausgeglichen werden, die ihrerseits durchaus voller Kontraste stecken kann. Im Beispiel fällt die streifenblättrige Yucca zu Füßen einer dunklen Säulenscheinzypresse auf. Ein strauchförmiger Bodendecker (Cotoneaster dammeri) **füllt die bleibenden Pflanzlücken zwischen Planken und Kiesweg aus.**

1 Verdeckter Gartenschuppen

2 Mischbepflanzung aus Nadelhölzern und anderen Immergrünen verdeckt die Grundstücksgrenze

3 Stufen zum erhöht gelegenen Rasen

4 Gartenpfad aus diagonal verlegten Hölzern

5 Kiesbelag unterteilt von eingesenkten Holzplanken

6 Opuntie als Kübelpflanze (eventuell versenkt)

7 Zwergmispel (Cotoneaster dammeri) als Bodendecker

8 Steineinfassung für Pflanzbeet

Eine kleine Steinlaterne im japanischen Stil bietet inmitten der verschiedenen Großstauden eine interessante Abwechslung für den Blick. Umrahmt wird sie von immergrünem Rhododendron (Rhododendron yakushimanum), **von einer Zwergkiefer und der besonders großblättrigen** Astilboides tabularis, **die im Sommer auffällige Blütenstände entwickelt.**

Links: Geheimnisvolle Schatten unter und zwischen den verschiedenen Nadelhölzern verdecken die Gartengrenzen. Trotz seiner feinen Strukturen würde das immergrüne Blattwerk vielleicht zu bedrückend gewirkt haben, wenn nicht durch die Art der Bodengestaltung eine interessante Abwechslung geschaffen worden wäre. Durch die diagonal verlegten Hölzer ergeben sich zwangsläufig auch ungewöhnliche Bewegungsabläufe. Unter den Bäumen fällt links oben ein Exemplar von Lawsons Scheinzypresse (Chamaecyparis lawsoniana) besonders auf.

☐ Fein- bis mittelkörniger Kies ist das preiswerteste Material für eine saubere Gestaltung der Bodenoberfläche. Von der Ästhetik her eher langweilig und gleichförmig, bietet eine Kiesschicht jedoch eine denkbar geeignete Basis zur Betonung anderer gärtnerischer Gestaltungselemente. Wichtig ist dabei immer die randliche Begrenzung der Kiesfläche. Hier lassen sich Holzschwellen verwenden, aber auch Ziegelsteinkanten oder ein schmales Pflanzbeet mit Moos.

☐ Zur mehr formalen Gestaltung kann man auch verschieden groß gekörnten Kies oder sogar unterschiedliche Farbstellungen verwenden – vorausgesetzt, die damit belegten Flächen sind dauerhaft getrennt.

Oben: Die leuchtend gelben Blüten der Winterlinge (*Eranthis hyemalis*) erscheinen bei uns bereits ab Mitte Februar. Sie wurden hier an gut sichtbarer Stelle zwischen bemoosten Steinen angepflanzt. Winterlinge eignen sich vorzüglich für die Bepflanzung unterhalb winterkahler Strauchgehölze.

Rechts: Die schönsten Blüten unter allen Gehölzen entwickeln die Magnolien. Einzeln betrachtet erscheinen sie noch eleganter und formvollendeter als in der Masse eines blühenden Baumes. Auch im gemäßigten Klima gedeiht *Magnolia x soulangeana*, deren Blüten hier abgebildet sind. Die Blüten treiben kurz vor dem Blattwerk aus. Auch in der dunkelgrünen Belaubung lenkt eine Magnolie immer die Aufmerksamkeit auf sich.

□ Magnolien benötigen nährstoffreichen, leicht lehmigen und mäßig sauren Boden. Sie vertragen offene, lichte Wuchsplätze ebenso wie Halbschatten. Eine häufig verwendete, aber kleinere Art ist die Sternmagnolie (*Magnolia stellata*), die strauchförmig wächst. Im Frühjahr bringt sie reinweiße, angenehm duftende Blüten hervor.

Oben: Ein Feigenkaktus (*Opuntia phaeacantha*) wirkt an isolierter Stelle schon allein aufgrund seiner ungewöhnlichen Formgebung. Die Pflanzen sind winterhart und können draußen überwintern.

Oben: Die aus Metall gefertigten Skulpturen an der Bretterwand stellen die Fruchtkörper von Konsolenpilzen (Porlingen) dar. Sie wirken ungemein dekorativ und sind zweifellos eine besonders originelle Lösung zum Aufbrechen der gestalterischen Einförmigkeit. Unter den Pilzkonsolen fällt ein rundkronig geschnittener Buchsbaum (*Buxus sempervirens*) auf. Die hängenden Zweige gehören zu einer Atlas-Zeder (*Cedrus atlantica* 'Glauca Pendula'). Auf kleinem Raum sind somit höchst unterschiedliche Blattformen und Dekorationselemente miteinander verwoben worden. Zedern erreichen gewöhnlich beachtliche Wuchshöhen. Die hier abgebildete Pendula-Varietät hält sich jedoch immer sehr in Grenzen.

EIN ETWAS ANDERES LANDHAUS

Ein Wohnhaus von ausgeprägt ländlichem Charakter stellt auch den Gartenplaner vor besondere Aufgaben. Viele erprobte Gestaltungsmittel können auch auf diese Situation angewendet werden. Sie müßten sich jedoch mit einer gewissen zwanglosen, informellen Gesamtwirkung verschmelzen lassen. Landhausgärten sind andererseits schon fast von Natur aus alles andere als stereotyp. Im vorgestellten Beispiel erleben wir ein Haus mit grünem Umfeld, dessen besonderer Reiz gerade in der scheinbaren Improvisation liegt.

Der Garten dieses Landhauses wurde weniger dicht bepflanzt, als man es von einem ländlichen Garten dieses Typs eigentlich erwartet. Die verwendeten Pflanzen sind jedoch groß und kräftig, so daß alle Bereiche hinter Grün zu verschwinden scheinen. Von besonderem Interesse ist der Bodenbelag, der nahezu rundum aus imprägniertem Holz gefertigt wurde. Nur im Eingangsbereich wurde mit rechteckigen oder unregelmäßig geformten Steinplatten gearbeitet. Die Beplankung wurde außerdem auf verschiedene Ebenen verteilt, so daß ein Teilbereich als Holzveranda eingesetzt werden konnte. Diese Lösung bot sich auch insofern an, weil auf leicht abschüssigem Gelände geplant und gebaut werden mußte. Optisch wurde daher ein ausgewachsener Baum als Eckpfosten in die Lösung einbezogen. Das Ergebnis ist ein grüner Lebensraum, in dem man Ruhe und Entspannung genießen kann.

1 Holzverkleidete Flächen

2 Holzzuber und Topfpflanzen unter der Pergola (vgl. S. 149)

3 Schmucksteine unterschiedlicher Größe

4 Kiefer (Pinus sylvestris) mit umlaufender Stellfläche für Blumentöpfe im Eckbereich der Terrassenkonstruktion

5 Bereich mit Steinplattenbelag

6 Eingangsbereich des Landhauses

Links: Der Zugang zur Eingangstür des Landhauses beginnt mit Steinplattendeckwerk und geht dann über eine Stufe in Holzbeplankung über. Die traditionelle Kletterrose typischer Landhäuser wurde hier durch Jungfernrebe und einen im Topf gezogenen Efeu ersetzt. Erwähnenswert ist auch die Schlingpflanze am Dach und an der Hauswand: ein Strahlengriffel (Actinidia argута). Ein hochwüchsiges Ziergras (Miscanthus sinensis) dominiert rechts im Vordergrund. Den Unterwuchs bildet Frauenmantel (Alchemilla mollis). Von links ragt das schlanke Astwerk eines Baumhasels (Corylus colurna) ins Bild. Dieser auch bei uns gut wüchsige Baum produziert wie sein strauchiger Verwandter im Frühjahr hübsche Blütenkätzchen und im Herbst eßbare Haselnüsse.
Durch die überlappende Verlegung der großen Natursteinplatten wurden geringfügige Steigungen im Gelände geschickt aufgefangen. Eine Stufe hätte in dieser Situation viel formeller gewirkt.

Links: Ausnahmsweise wird hier ein Trompetenbaum (Catalpa bignonioides) mit seinen riesigen, herzförmigen Blättern als Kübelpflanze gezogen. Solange der kleine Baum und der Kübel nicht zu schwer sind, können beide beliebig aufgestellt und wieder verschoben werden, womit sich auch die Verteilung von Licht und Schatten auf der Holzveranda in gewissem Umfang variieren läßt. Der Trompetenbaum paßt im übrigen sehr gut zum sehr großlaubigen Wein (Vitis coignetiae) an der rückwärtigen Pergola. Von diesem Blickpunkt ist der große Holzzuber nicht sichtbar. Er ist hinter seiner Bespannung aus Bambusmatten verborgen (vgl. S. 149).

☐ Bevor die Bretter für den Fußboden angebracht werden, muß man bereits sorgfältig über die künftige Bepflanzung nachdenken. Eventuell empfiehlt es sich nämlich, hier und da Öffnungen für tieferwurzelnde Kletterpflanzen freizulassen, die nicht in Töpfen oder Kübeln gezogen werden können. Auch könnte man die Fläche von einem Baum „durchwachsen" lassen.

Oben: Eine mächtige Kiefer wurde mit Stellflächen aus einfachen Brettern umgeben (keine Nägel oder Schrauben in die Borke treiben!) und bietet an ihrer Basis nun eine Menge Raum für kleinere Topfpflanzen.

Rechts: Ein Stilleben besonderer Art ist der von lebhaftem Grün umgebene Badezuber. Verschieden große, gerundete Steine liegen nur scheinbar regellos herum. Der größte Rundling wurde mit einem interessanten Spiralmuster versehen, einer sehr weit zurückreichenden Tradition der Steinverzierung. Dichtwüchsigkeit vermitteln der Neuseeländische Flachs (Phormium tenax), eine Zimmeraralie (Fatsia japonica), eine Kokospalme und eine Ligularie (Ligularia spec.). Ein Tongefäß wurde mit Zypergras (Cyperus spec.) bepflanzt.

HARMONIE VON HELL UND DUNKEL

Ein recht ausdrucksstarkes Plattenwerk weist dieser hübsche Hausbalkon auf. Schon allein aus diesem Grunde wurde die Bepflanzung auf die Randbereiche beschränkt. Diese Unterbringung der Pflanzgefäße empfiehlt sich ohnehin immer dann, wenn Zweifel über die statische Belastbarkeit des Bodens bestehen. Optisch lehnen sich in diesem Fall die großen Pflanzcontainer an den benachbarten Baum an. Statisch wird ihr beträchtliches Gewicht von der äußeren Stützmauer des Balkons übernommen. Die enorme Farbigkeit des gesamten Arrangements geht im wesentlichen auf die Bepflanzung der großen Balkonkästen zurück. Die Bodenbeläge der meisten Balkons wirken gewöhnlich eher düster und schmutzig. Das hier gezeigte Schachbrettmuster, diagonal verlegt, ergibt zusammen mit den weißen Sitzmöbeln einen geradezu klassischen Effekt. Hinzu kommt die ausgesprochen dekorative Wirkung der Baumkronen aus der unmittelbaren Nachbarschaft.

Links: Der Fingerstrauch (*Potentilla fruticosa*) bringt während des ganzen Sommers hellgelbe Blüten in Mengen hervor. Pelargonien und Begonien in Rot, Rosa und Weiß, für die Bepflanzung der Kästen und der großen Töpfe verwendet, ergänzen das farbenprächtige Bild.
☐ Fingersträucher sind eine besonders gute Empfehlung auch für Dachgärten, da sie den Belastungen durch die Witterung sehr gewachsen sind und auch das volle Sonnenlicht durchaus vertragen. Von Zitronengelb bis Goldgelb sind im Fachhandel fast alle Farbschattierungen erhältlich.

Unten: Die alte Nähmaschine wurde mit einer Marmorplatte überdeckt und dient nunmehr als Balkontisch bzw. Stellfläche für Pflanzgefäße. Die Schale mit Edelpelargonien betont dieses durchaus ungewöhnliche Schmuckelement.

1 Vogelfutterhaus

2 Fingerstrauch im Holzkübel

3 Pflanzgefäße an den Eckpunkten des Balkons

4 Balkonkästen, auf der Balkonbrüstung verankert

5 Unempfindliche Sommerblüher in kleineren Töpfen und Pflanzgefäßen am Fuß der Ummauerung

6 Schwarze und weiße Bodenplatten

7 Balkontisch, zusammengestellt aus einer Marmorplatte und einer ausgedienten Nähmaschine

Oben: Das Vogelfutterhaus zieht zur Fütterungszeit im Winter mit Sicherheit viele gefiederte Gäste aus der näheren und weiteren Umgebung an. Während der warmen Jahreszeit bleibt es in diesem Fall an Ort und Stelle und dient als etwas ausgefallene Skulptur.

□ Vögel sind in der Regel gern gesehene Gäste am Haus oder auf dem Balkon. Wenn die Fütterung über die kalte Jahreszeit hinaus wesentlich ausgedehnt wird, können sich manche Arten aber auch zu Lästlingen entwickeln. In der Stadt stellen die verwilderten Haustauben oder neuerdings auch die Türkentauben ein besonderes Problem dar. Vögel machen sich natürlich nicht nur über die eventuell im Futterhaus angebotenen Leckerbissen her, sondern plündern auch schon einmal dekorativ fruchtende Zierpflanzen. Diese müssen rechtzeitig mit einem engmaschigen Netzüberwurf geschützt werden. Der beste Schutz ist allerdings, während des Sommers von einer zusätzlichen Fütterung der Vögel völlig abzusehen.

LIEBENSWERTER HOLZBALKON

Auch kleine Balkons können ungemein attraktiv ausfallen, wenn sie mit sympathischen Baumaterialien gestaltet wurden und auch eine harmonische Bepflanzung erhielten. Das hier vorgestellte Beispiel liefert den Beweis. Als besonders originelles Beiwerk erscheint auch in diesem Fall ein schöner Holzzuber für das private „Freibad".

Das jalousieartige Lattenwerk an den Seitenwänden sorgt für Sicht- und Windschutz, ist aber offen genug, um Licht und Luft frei hinzutreten zu lassen. Die offene Seite befindet sich im Lee – hier kann auf besondere Schutzvorrichtungen verzichtet werden. Dafür bietet sich hier eine beeindruckende Sicht in die Baumkronen.

Mit Sorgfalt wurde das gesamte Holzwerk geplant und ausgeführt. Die verschiedenen Vertikalen, Diagonalen und Horizontalen sind in gelungener Weise aufeinander abgestimmt und wirken insgesamt recht belebend. Da bildet auch die Umrahmung des Zubers keine Ausnahme. Um auch dort jede funktionelle Strenge zu nehmen, wurden verschiedene dekorative Topfpflanzen aufgestellt. Die Holzbänke an der hauszugewandten Seite werden ergänzt durch eine Sitzgruppe auf der anderen Balkonseite. Form und Größe des Zuber-Ensembles wiederholen sich hier.

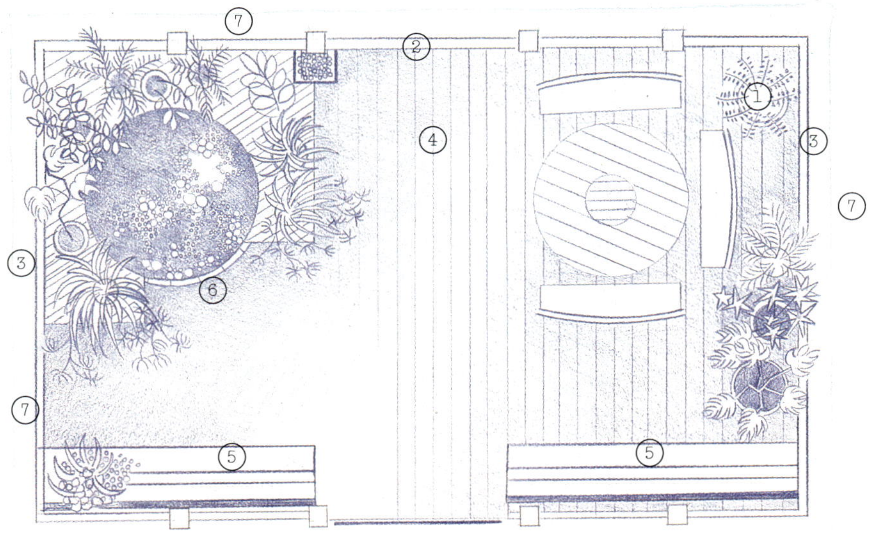

1 Hängende Körbe mit Bepflanzung nutzen den Raum optimal aus

2 Offene Seite der Pergola mit Blick in das benachbarte Grün der Baumkronen

3 Umfassung des Holzzubers mit Stellflächen für Blumentöpfe und weiteren Hängegefäßen

4 Bodenbelag aus parallel verlegten Holzplanken

5 Eingebaute Holzbänke aus farb- und strukturgleichem Material

6 Eingepaßter Holzzuber

7 Jalousieartige Verkleidung der Wetterseite

Oben: Anstelle der üblichen Hängeampel wurde in diesem Fall ein hängender Korb gewählt, dessen Struktur sehr hübsch mit der Linienführung des Hintergrundes harmoniert. Das Lattenwerk läßt genügend Licht einfallen, so daß die Pflanzen prächtig gedeihen. Das feine hellgrüne Blattwerk des Ziergspargels (Asparagus densiflorus 'Sprengeri' Syn. A. sprengeri) konkurriert mit den dunkelgrünen, ledrigen Blättern des Sternjasmins (Trachelospermum jasminoides).

Oben: Farne, Philodendron, Gummibaum und Grünlilien mit reichlicher Ausläuferbildung umgeben neben weiteren Topfpflanzen den Holzzuber, der für ein sommerliches Freibad hergerichtet wurde. Auch von der Decke hängen dekorative Ampelpflanzen herunter, die die vertikalen Strukturen wirksam betonen. Der Holzbottich könnte auch als Pflanzbecken für Wasserpflanzen oder, mit Pflanzerdefüllung, als flacher Pflanzcontainer für schattenverträgliche Sommerblumen verwendet werden. In jedem Fall muß die Statik des Holzbalkons entsprechend ausgelegt sein.

DER GARTEN AUF DEM DACH

Dieser abgeschlossene Dachraum wurde in einen sehr eleganten Dach-/Wohngarten von französischem oder italienischem Charme verwandelt. Eine unmittelbar benachbarte alte Kirche mit ihrem ehrwürdigen Mauerwerk und der geradezu optimal plazierten Laterne bilden dazu die richtige historische Fassade. Glasbauelemente, die in das holzgedeckte Dach eingelassen wurden, geben dem darunterliegenden Raum Deckenlicht, ohne außen in irgendeiner Weise hinderlich zu wirken. Mit ihrer eigentümlich glatten Oberfläche sind sie vielmehr ein dekoratives Element von besonderem Charakter. Außerdem sorgen sie mit ihrer Geometrie für eine Unterbrechung der ansonsten gleichförmigen Bodengestaltung.

Mehrere rundkronig geschnittene Ligusterbüsche und pyramidenförmiger Buchs bilden eine sehr gelungene Grundausstattung der gewählten Bepflanzung. Weitere kleinere Gehölze mit interessanten Blattstrukturen und -farben runden das gesamte Erscheinungsbild ab. Eine an den Stirnseiten angebrachte Holzbank bietet nicht nur Sitzgelegenheit, sondern nimmt auch weitere Pflanzgefäße auf. Der Efeu am Treppengeländer wird sich bald zu einer grünen Wand entwickeln.

Unter der Voraussetzung, daß keine größeren baulichen Veränderungen anfallen, kann ein solcher atmosphärisch dichter Dachgarten in relativ kurzer Zeit ohne größeren Aufwand zusammengestellt werden.

1 Efeu verkleidet Regenrohre und andere unerwünschte Konstruktionsteile

2 Geschnittene Kleingehölze in Kübeln, diese zusätzlich mit Lobelien bepflanzt

3 Lichtschächte in den Plankenboden eingelassen

4 Weiße Sitz- oder Gartenmöbel, Geländer dazu passend gestrichen

5 Sitz- oder Stellbank an der Kopfseite des Dachgartens

Oben: Der Blick zum Haus läßt neben dem Eingang eine Laterne erkennen, die in Form und Stil passend zur Laterne an der gegenüberliegenden Kirche ausgesucht wurde (vgl. Abbildung auf der Gegenseite). Für Blütenreichtum sorgen eine Zierkirsche (*Prunus avium 'Plena'*) an der rechten Hauswand und eine gelbblühende Rose. Links ragt das dekorative Blattwerk einer Zimmeraralie (*Fatsia japonica*) ins Bild.

Links: Drähte, von einer Hauswand zur anderen gespannt, dienen als Kletter- und Rankhilfe für eine wuchsfreudige Passionsblume (*Passiflora caerulea*). An wintermilden Wuchsorten bildet sie mit der Zeit ein dichtgeschlossenes Blätterdach und ungemein interessante Blüten dazu. Den Kältegraden unserer Klimaverhältnisse ist sie leider nicht gewachsen und kann nur als Kübelpflanze mit Überwinterung gehalten werden.
Die Pflanzgefäße der Buchsbäumchen (*Buxus sempervirens*) und der rundkronige Liguster (*Ligustrum ovalifolium*) wurden mit rankenden Pflanzen geschmückt. Lobelien überwachsen die Topfränder schon nach kurzer Zeit.

WASSER IN LUFTIGER HÖHE

Aufwendige Dachgärten einzurichten, erfordert meist die Mithilfe eines Fachmannes. Auf einem bestehenden Gebäude kann man nicht so ohne weiteres loslegen, ohne zuvor die Statik der tragenden Konstruktionen überprüfen zu lassen. Viel einfacher ist die Einrichtung des Dachgartens, wenn er von vorneherein als Bestandteil des Hauses eingeplant wird.

Die Einzelheiten des vorgestellten Entwurfs könnten übrigens für einen konventionellen Garten auf Bodenniveau ohne weiteres übernommen werden. Die Grundfläche ist ein Quadrat, in das zwei diagonal zueinanderliegende kleinere Quadrate einbeschrieben wurden – eines für ein Wasserbecken, das zweite für eine Sitzgruppe unter einer Pergola. Die wesentlichen Merkmale eines Ruhe- und Erholungsgartens können somit gleichsam in die Höhe genommen und auf Hausdächer übertragen werden. Einiges dekoratives Schmuckbeiwerk, etwa der dramatische Schwan, umlaufende Pflanzbeete oder der hübsche Holzzaun, runden den gelungenen Gesamtplan ab.

Von der Pergola aus bilden der landende Schwan und der Schornstein eine ungemein kontrastreiche, aber sehr gelungene Skulptur. Ohne den Schwan würde der Schornstein trotz seiner interessanten architektonischen Details vielleicht zu eigenwertig ausgesehen haben. Dekorative Elemente müssen also gegebenenfalls kontrapunktisch aufeinander bezogen werden.

1 Begrenzung durch Lattenzaun

2 Weißblühende Spiräen als Hintergrund für das Becken

3 Skulptur eines weißen Schwans im Landeanflug

4 Eckbepflanzung des Beckens mit Funkien, Schwertlilien und Ginster

5 Erhöhtes Pflanzbeet

6 Einfach gestalteter Plattenbelag

7 Pergola mit Kletterpflanzen über einer Sitzgruppe

Buntstreifiges Glanzgras (Phalaris arundinacea 'Picta') **und immergrünes Pfaffenhütchen** (Euonymus fortunei) **wetteifern mit Schlangen-Knöterich** (Polygonum bistorta) **und mildern die Erscheinung der Dachtraufe. Feuchteliebende Arten sind besonders für derartige Standorte geeignet, wo ihnen der Regenwasserablauf günstige Wuchsbedingungen verschafft.**

In Kontrast zueinander stehen die großen, etwas tütenförmigen Blätter der Funkien, die eleganten Blütenstände der Schwertlilie (Iris Germanica-Hybriden) und der reiche gelbe Blütenflor des Ginsters (Genista lydia). Diese Bepflanzung rahmt gleichzeitig die terrassenseitige Flanke des Wasserbeckens ein. Die Sträucher auf der anderen Seite wurden mit besonderer Rücksicht darauf ausgewählt, daß sie schwer erreichbar sind und ausgesprochen pflegeleicht sein müssen. Eine glückliche Wahl sind dabei immer Spiräen (z. B. Spriaea x arguta, nipponica, thunbergii u. trilobata) neben der hübschen Strauchveronika (Hebe ockracea) vor dem Schornstein und der etwas höherwüchsigen Zwergmispel (Cotoneaster congestus).

□ Bewegtes Wasser wirkt mitunter attraktiver als eine völlig in sich ruhende Wasserfläche. Hier wurde ein kleiner Strahl so geschickt konstruiert, daß der Eindruck entsteht, der große weiße Vogel setze gerade zur Landung an.

IN DER WEINLAUBE

In Gegenden mit warmem, trockenem, sonnenreichen Klima wird eine schattige Veranda gewöhnlich als große Wohltat empfunden. Hier kann man den Sonnenstrahlen entfliehen, ohne die erfrischende Wirkung einer leichten Brise missen zu müssen. Wein (Vitis vinifera), sogar verschiedene kulturfähige Rebsorten, nehmen das Holzwerk dieser überdachten Veranda gerne als Kletter- und Rankhilfe an, um es nach einiger Zeit völlig übergrünt zu haben. Wenn das Sonnenlicht durch die großlaubigen Blätter scheint, entsteht darunter ein angenehmer, einladender Grünschatten. Hier gedeihen große dekorative Farnpflanzen und andere schmückende Halbschattengewächse.

Sofern diese zumeist relativ großwüchsigen Arten allzu bedrückend und üppig zu wirken beginnen, kann man die grüne Monotonie mit Töpfen farbiger Sommerblüher wirksam unterbrechen. Bougainvillea oder Kamelien werden auch unter den Bedingungen halbschattiger Standorte lebhaft blühen.

Die im Bild gezeigte Veranda zeichnet sich durch ein vergleichsweise einfaches Design aus. Sie verdankt ihre eigentlichen Effekte weitgehend den imposanten Topf- und Kübelpflanzen. Die Hauswand verschwindet fast hinter den gewaltigen Blattgestalten, während die Gartenseite mit eher kleinflächigen Blattformen bestückt wurde.

Grober Kies und ein paar Steine sind hier und da in Gruppen zusammengestellt worden, um gewisse visuelle Anker für den umherschweifenden Blick anzubieten. Anderenfalls würde die Art der Aufstellung vielleicht zu tunnelartig oder korridorförmig wirken.

Links: Der Eckpfosten einer überdachten Veranda sieht mitunter etwas nackt und ärmlich aus. Hier wurde mit einem schönen Schmuckspalier diesem Effekt vorgebeugt. Das Spalier nimmt die Form des Ziegelsteinbogens (siehe gegenüberliegende Seite) wieder auf und bietet einen hübschen Hintergrund für Kletterpflanzen oder Blumentöpfe.

1 Spalier für Kletterpflanzen

2 Großblättrige Alocasia (als Kübelpflanze)

3 Hellfarbener Plattenbelag als dekorativer Hintergrund für die reiche Bepflanzung

4 Tisch und Sitzmöbel in warmem Holzton als Unterbrechung für die korridorartige Veranda

5 Bogen aus Ziegelmauerwerk

6 Farne und andere schattenliebende Topfpflanzen

7 Kiesbedeckung am Fuß von Fensterblatt (Monstera deliciosa)

Oben: Raumwirksames Grün, wie die Lichtung in einem Dschungel, bieten zahlreiche sehr großwüchsige Kübelpflanzen, darunter verschiedene Farne oder auch die imposante Alocasia mit ihren riesigen herzförmigen Blättern im Eingangsbereich links. Die verschiedenen Formen und Strukturen tragen Abwechslung und Üppigkeit in diese Gestaltung. Rechts vom Ziegelsteinbogen wächst eine schmucke Himalaya-Zeder (Cedrus deodara), die aber frostempfindlich ist und sich nur für sehr milde Gegenden im Freiland eignet. Wenn die Zeder tatsächlich unter dem Dach der Veranda verbleiben soll, muß sie alle paar Jahre gegen jüngere Exemplare ausgetauscht werden. Man könnte sie jedoch auch unmittelbar vor der Veranda auspflanzen.
Eine derartig dichte Bepflanzung wirkt natürlich auch auf das Mikroklima des Raumes zurück. Vor allem nimmt die Luftfeuchtigkeit wesentlich günstigere Werte an.

WEITERE PFLANZENVORSCHLÄGE

Ergänzend zu den im Text erwähnten Pflanzen kommen für die Gestaltung und Bepflanzung der Gartenbeispiele noch weitere Gehölze, Stauden u.a. Pflanzen in Betracht. Die Pflanzenvorschläge – die keinen Anspruch auf Vollständigkeit erheben – beziehen sich auf wertvolle und bewährte Arten und Sorten, die dem Gestalter und dem Gartenfreund die nicht immer einfache Auswahl erleichtern sollen.

Die angegebenen Wuchshöhen bei den Gehölzen sind Erfahrungs-bzw. Durchschnittswerte. Sie können von den betreffenden Pflanzenarten in ausgewachsenem Zustand bei optimalen Bedingungen erreicht werden. Boden-, Klima- sowie lokale Standortverhältnisse spielen dabei eine wesentliche Rolle, aber auch in besonderem Maße eine individuelle Pflege. Die Farbangaben beziehen sich auf die Blüte der betreffenden Pflanzen, Blütenmonate sind in römischen Zahlen angegeben, Bl. = Blätter, WS = Wasserstand.

LAUBGEHÖLZE

Bäume und Großsträucher mit einer Wuchshöhe von 5 bis 10 m

Acer capillipes – Roter Schlangenhaut-Ahorn, Rinde weiß gestreift
Acer ginnala – Amur-Ahorn, Herbstfärbung leuchtend rot
Acer negundo 'Variegatum' – Eschen-Ahorn, Blätter weiß gerandet
Acer rufinerve – Rostnerviger Ahorn, Rinde weiß gestreift
Betula albo-sinensis – Rote China-Birke, Rinde orange bis braunrot
Betula nigra – Schwarz- oder Fluß-Birke, Rinde schwarzrot
Cornus florida – Blumen-Hartriegel, weiße sternförmige Blüten (Brakteen)
Cornus kousa – Japanischer Blumen-Hartriegel, ähnlich *C. florida*
Cercis siliquastrum – Judasbaum, interessantes, wärmeliebendes Gehölz
Koelreuteria paniculata – Blasenbaum, eigenartiger Fruchtschmuck
Parrotia persica – Eisenholzbaum, prachtvolle gelb-rote Herbstfärbung
Prunus maackii – Amur-Kirsche, glatte gelb-braune Rinde
Prunus serrula – Tibet-Kirsche, Rinde glänzend mahagonibraun
Prunus serrulata und Sorten, Japanische Blüten-Kirschen
Salix acutifolia 'Pendulifolia' – Spitz-Weide, weiß bereifte Zweige
Sorbus americana – Amerikanische Eberesche, schöner Fruchtschmuck
Sorbus vilmorinii – Vilmorins Eberesche, weiß-rosa Früchte

Sträucher mit einer Wuchshöhe von 2 bis 5 m

Acer japonicum 'Aconitifolium' – Japanischer Ahorn, rote Herbstfärbung
Calycanthus floridus – Gewürzstrauch, rotbraune, duftende Blüten
Cotoneaster salicifolia var. *floccosus* – Weidenblättrige Zwergmispel
Chionanthus virginicus – Schneeflockenstrauch, duftende, weiße Blüten
Clethra alnifolia – Scheineller, wertvoller Spätsommerblüher
Decaisnea fargesii – Blauschote, wärmeliebend, interessante Früchte
Halesia carolina – Schneeglöckchenbaum, wertvoller, seltener Strauch
Ilex aquifolium – Stechpalme, immergrünes, vielgestaltiges Gehölz
Malus-Hybriden – Zieräpfel, viele Sorten, besonders die strauchartig wachsenden wie z.B. 'Aldenhamensis', 'Liset', 'Profusion', 'Wintergold'
Prunus subhirtella – Higan-Kirsche, viele Sorten und Hybriden
Ptelea trifoliata – Lederstrauch, runde, geflügelte Früchte
Sorbus koehneana – Eberesche, weiße, rot gestielte Früchte
Staphylea pinnata – Pimpernuß, kugelige, blasige Früchte
Stranvesia davidiana – Stranvesia, immergrün, für geschützte Lagen

Sträucher mit einer Wuchshöhe von 1 bis 2 m

Abeliophyllum distichum – „Weiße Forsythie", für geschützte Lagen
Berberis aggregata – Berberitze, reicher, langanhaltender Fruchtschmuck
Berberis x *stenophylla* – Berberitze, immergrün, für geschützte Lagen
Betula humilis – Strauch-Birke, gut in Verbindung mit Ginster u.a.
Callicarpa bodinieri und *C. japonica* – Schönfrucht, violette Früchte
Corylopsis pauciflora und *C. spicata* – Scheinhasel, wertvolle Frühblüher
Chimonanthus praecox – Winterblüte, sehr früh blühend, geschützte Lagen
Enkianthus campanulatus – Prachtglocke, nur für kalkfreie Böden
Euonymus alatus – Flügel-Spindelstrauch, korkartige Zweige, Herbstfärber
Fothergilla major – Federbuschstrauch, interessante Blüte, kalkfliehend
Hibiscus syriacus – Strauch-Eibisch, viele Sorten, für warme Lagen
Ilex crenata und Sorten – Japan-Stechpalme, immergrün, halbschattig
Lespedeza bicolor und *L. thunbergii* – Buschklee, Spätblüher, warme Lagen
Paeonia suffruticosa und Sorten – Strauchpäonie, wärmeliebend
Robinia hispida 'Macrophylla' – Rosen-Akazie, schön, leider windbrüchig
Salix melanostachys (Syn. 'Kurome') – Negerkätzchen, schwarze Blütenkätzchen
Salix moupinensis – Weide, seltene, großblättrige Art, wertvoll
Syringa chinensis 'Saugeana' – Flieder, reichblühende und duftende Sorte
Tamarix chinensis (Syn. *T. odessana*) – Tamariske, wertvoller Sommerblüher
Viburnum x *burkwoodii* – Schneeball, immergrün, duftend
Viburnum carlesii – Schneeball, stark duftend
Viburnum plicatum 'Mariesii' – Schneeball, reich- und langblühend

Sträucher mit einer Wuchshöhe bis 1 m

Berberis buxifolia 'Nana' – Berberitze, immergrün, niedrig, auch für Einfassungen
Berberis wilsoniae – Berberitze, schöner Blatt- und Fruchtschmuck
Betula nana – Zwerg-Birke, kalkfreier, humoser Boden, für Heidegärten
Cytisus decumbens – Niederliegender Geißklee, *Cytisus* x *kewensis* – Geißklee, *Cytisus purpureus* – Purpurroter Geißklee, alle für sonnige und trockene Standorte
Deutzia gracilis – Deutzie, weißblühend
Deutzia x *kalmiiflora* – Deutzie, weißrosa blühend
Hypericum forrestii und *H.* 'Hidcote' – Johanniskraut, bis Herbst blühend
Prunus tenella – Zwerg-Mandel, rosablühend, für trockene Standorte
Salix hastata 'Wehrhahnii' – Engadin-Weide, silberweiße Kätzchen
Skimmia japonica – Skimmie, immergrün, für geschützte Standorte
Spiraea japonica 'Little Princess' – Spierstrauch, lilarosa, niedrig
Syringa meyeri 'Palibin' – Flieder, zierlicher Wuchs, reichblühend

Halbsträucher
(nur an der Basis verholzend)
Artemisia abrotanum – Eberraute, aromatisch duftend, Gewürzpflanze, für sonnige Standorte
Caryopteris x *clandonensis* und Sorten – Bartblume, wertvoller Spätblüher, für geschützte Lagen
Elsholtzia stauntonii – Chinesische Kamm-Minze, aromatisch duftend, Spätblüher, für sonnige Plätze
Fuchsia magellanica und Sorten – Scharlachfuchsie, für halbschattige Lage, Winterschutz, auch Topfpflanze
Perowskia abrotanoides – Blauraute, aromatisch duftend, Spätblüher, für sonnige und warme Lagen

Bodendecker
Calluna vulgaris und Sorten – Heidekraut, nur für kalkfreie Böden
Ceratostigma plumbaginoides – Bleiwurz, blauer Spätblüher, rotbraune Herbstfärbung
Dryas octopetala und *D.* x *suendermannii* – Silberwurz, immergrün, weißblühend, schöne Fruchtstände
Erica herbacea (Syn. *E. carnea*) und Sorten – Schneeheide, gedeiht auch noch auf leicht kalkhaltigen Böden
Gaultheria procumbens – Scheinbeere, nur für kalkfreie, humose Böden in halbschattiger Lage, gut geeignet zu Rhododendron
Pachysandra terminalis – Pachysandra, robuste Pflanze für großflächige Pflanzungen, die weißbunte Varietät ist schwachwüchsiger
Paxistima canbyi (Syn. *Pachistima auct.*), immergrün, für sonnige und halbschattige Stellen, selten
Teucrium chamaedrys – Edelgamander, stark ausläufertreibend, gut geeignet für sonnige und trockene Plätze
Teucrium massiliense (Syn. *T. chamaedrys hort.*), immergrün, ohne Ausläufer, auch für Einfassungen geeignet

Säulenformen
Betula pendula 'Fastigiata' – Weißbirke, bis 15 m
Carpinus betulus 'Columnaris' – Hainbuche, bis 15 m
Populus simonii 'Fastigiata' – Birkenpappel, bis 10 m
Prunus serrulata 'Amanogawa' – Zierkirsche, bis 6 m

Hängeformen
Betula pendula 'Youngii' – Weißbirke
Caragana arborescens 'Pendula' – Erbsenstrauch
Malus-Hybride 'Red Jade' – Zierapfel
Morus alba 'Pendula' – Maulbeere
Prunus serrulata 'Kiku-shidara-sakura' – Zierkirsche
Prunus subhirtella 'Pendula' – Zierkirsche
Salix caprea 'Pendula' – Sal-Weide
Salix purpurea 'Pendula' – Purpur-Weide
Sorbus aucuparia 'Pendula' – Eberesche

ROSEN

Niedrige Sorten
'Crimson Glory', Teehybride, karmin, gefüllt, duftend, 60 cm
'Dainty Bess', Teehybride, zartrosa, einfach, großblumig, 70 cm
'Käthe Duvigneau', Floribunda, leuchtendrot, halbgefüllt, 80–100 cm
'Little White Pet', Polyantha, cremeweiß, gefüllt, duftend, 50 cm
'Märchenland', Floribunda, hellrosa, halbgefüllt, duftend, bis 100 cm
'Queen Elizabeth', hellrosa, gefüllt, duftend, bis 100 cm
'Silberlachs', Floribunda, lachsrosa, einfach, duftend, bis 100 cm
'The Fairy', Polyantha, hellrosa, gefüllt, öfterblühend, bis 70 cm

Strauchrosen
'C. F. Meyer', silbrigrosa, gefüllt, duftend, öfterblühend, bis 200 cm
'Elmshorn', rosa mit lachs, gefüllt, dauerblühend, bis 200 cm
'Eyepaint', scharlachrot mit weiß, kleinblütig in Büscheln, bis 150 cm
'Fenja', rosa, einfach, Fruchtschmuck, einmalblühend, bis 200 cm
'Fleurette', karminrosa mit weiß, einfach, öfterblühend, bis 120 cm
'Francois Coppée', dunkelrot, gefüllt, duftend, bis 120 cm
'Frau Karl Druschki', weiß mit rosa, gefüllt, großblumig, bis 120 cm
'Fritz Nobis', weiß bis lachsrosa, gefüllt, duftend, bis 200 cm
'Golden Wings', schwefelgelb, einfach, großblumig, bis 150 cm
'Gruß an Teplitz', hellkarminrot, gefüllt, duftend, öfterblühend, bis 180 cm
'Lyric', reinrosa, locker gefüllt, duftend, reichblühend, bis 150 cm
'Mozart', hellrot mit weiß, kleinblütig, duftend, öfterblühend, bis 150 cm
'New Face', hellrot mit weiß, halbgefüllt, öfterblühend, bis 120 cm
'Scharlachglut', scharlachrot, einfach, einmalblühend, bis 200 cm
'White Wings', reinweiß, einfach, duftend, 100 cm
Rosa centifolia 'Muscosa', Moosrose, rosa gefüllt, duftend, bis 120 cm
Rosa foedita 'Bicolor', Kapuzinerrose, orangerot bis gelb, einmalblühend, bis 200 cm

Kletterrosen
'Dorothy Perkins', kirschrosa, gefüllt, einmalblühend, bis 300 cm
'Flammentanz', blutrot, gefüllt, einmalblühend, bis 300 cm
'Goldstern', goldgelb, gefüllt, öfterblühend, bis 300 cm
'New Dawn', zartrosa, gefüllt, duftend, dauerblühend, bis 300 cm
'Raubritter', purpurrosa, halbgefüllt, duftend, einmalblühend, bis 300 cm
'Sympathie', dunkelrot, großblumig, öfterblühend, bis 400 cm
Für Pflanztröge, Rabatten, Schalen- und Kübelbepflanzungen eignen sich sehr gut die Miniatur- oder Zwergrosen in vielen Sorten. Großer Beliebtheit erfreuen sich auch wieder die alten oder historischen Rosensorten.

NADELGEHÖLZE

Höhere Arten von 5 bis 8 (10) m

Abies koreana – Koreatanne, regelmäßig kegelförmig, langsam wachsend
Juniperus chinensis 'Keteleeri' – Chinawacholder, blaubereifte Beerenzapfen
Juniperus virginiana 'Glauca' – Virginischer Wacholder, Nadeln stahlblau
Picea abies 'Acrocona' – Zapfenfichte, schon als junge Pflanze Zapfen tragend, langsamwachsend
Pinus leucodermis – Schlangenhautkiefer, interessante Rindenfärbung
Pinus parviflora 'Glauca' – Mädchenkiefer, gedrehte, blausilbrige Nadeln
Sciadopitys verticillata – Schirmtanne, kegelförmig, lange Nadeln in Quirlen

Mittelhohe Arten bis etwa 3 m

Picea omorika 'Nana' – Serbische Fichte, kegelförmig, dichtzweigig
Picea orientalis 'Gracilis' – Kaukasusfichte, kleine, glänzende Nadeln
Pinus aristata – Grannenkiefer, Nadeln mit weißen Harzausscheidungen
Pinus densiflora 'Pumila' – Rotkiefer, strauchartig lockerer Wuchs, orangebraune Rinde
Pinus sylvestris 'Watereri' – Waldkiefer, buschig wachsend, Nadeln blaugrün
Thujopsis dolabrata – Hibalebensbaum, lockerer pyramidaler Wuchs, Nadeln schuppig, unterseits weiß gefleckt

Niedrige, langsam wachsende Arten von 1 bis 2 m

Abies koreana – Koreatanne (Veredlungen), viele, violette Zapfen
Abies lasiocarpa 'Compacta' – Korktanne, schöne blau-weiße Nadeln
Chamaecyparis obtusa 'Nana Gracilis' – Muschelzypresse, locker kegelförmig mit gedrehten Zweigen
Chamaecyparis pisifera 'Filifera Nana' – Fadenzypresse, buschiger Wuchs mit überhängenden, fadenförmigen Zweigen
Juniperus chinensis 'Old Gold' – Chinawacholder, breitwachsend, bronze-gelbe Benadelung
Juniperus chinensis 'Blaauw' – Chinawacholder, manchmal trichterförmig wachsend, Nadeln graublau
Picea abies 'Pygmaea' – Gnomenfichte, breit und unregelmäßiger Wuchs
Pinus sylvestris 'Globosa Viridis' – Waldkiefer, mehr kugeliger Wuchs
Pseudotsuga menziesii 'Fletcheri' – Douglasfichte, breit und unregelmäßig wachsend, Nadeln blaugrün

Zwergformen bis etwa 1 m

Abies balsamea 'Nana' – Balsamtanne, Wuchs flach kugelig, Nadeln dunkelgrün und glänzend
Juniperus squamata 'Blue Star' – Wacholder, breit und unregelmäßig wachsend, Nadeln silbrigblau
Picea abies 'Echiniformis' – Igelfichte, etwas kugelig, dichte Benadelung
Picea abies 'Little Gem' – Nestfichte, flachkugelig, in der Mitte vertieft, Nadeln hellgrün
Picea glauca 'Alberta Globe' – Kugelfichte, etwas kegelförmig, sehr dicht, Nadeln hellgrün
Pinus mugo 'Mops' – Zwergkiefer, kissenbildend, sehr dicht, dunkelgrün
Tsuga canadensis 'Nana' – Hemlocktanne, niedrige ausgebreitete Zweige, dichte Benadelung

Bodendecker

Juniperus communis 'Repanda' – Wacholder, dicht und etwas sparrig, Nadeln silbrig gestreift
Juniperus horizontalis und Sorten – Kriechwacholder, Zweige dem Boden dicht aufliegend, Nadelfärbung grün, graugrün oder bläulich
Microbiota deccussata – Microbiota, Zweige dicht, etwas überhängend, im Herbst kupferbraun

Säulenformen

Cupressus arizonica 'Fastigiata' – Zypresse, für geschützte Lage, 4 m
Juniperus scopulorum 'Skyrocket' – Wacholder, bis 5 m
Juniperus virginiana 'Pseudocupressus' – Wacholder, bis 4 m
Pinus sylvestris 'Fastigiata' – Waldkiefer, bis 10 m

Hängeformen

Juniperus communis 'Oblonga-Pendula' – Wacholder, 4 m
Larix kaempferi 'Pendula' – Japanische Lärche, bis 10 m
Picea abies 'Inversa' – Fichte, bis 7 m
Picea omorika 'Pendula' – Serbische Fichte, bis 10 m
Tsuga canadensis 'Pendula' – Hemlocktanne, bis 3 m

WINTERHARTE BLÜTENSTAUDEN

Für sonnige, trockene Standorte

Bodendecker

Achillea tomentosa – Schafgarbe, goldgelb, graulaubig, V–VI, 15 cm
Antennaria-Arten – Katzenpfötchen, rosa-weiß, Bl. silbergrau, V–VI, 10 cm
Artemisia schmidtiana 'Nana' – Edelraute, weiß, Bl. silbrig, VI–VII, 25 cm
Dianthus gratianopolitanus und Sorten – Pfingstnelke, weiß, rosa und rot, VI, 15 cm
Hieracium pilosella 'Niveum' – Habichtskraut, hellgelb, Bl. silbergrau, V–X, 10 cm
Helianthemum-Arten und Sorten – Sonnenröschen, weiß, gelb, rosa und rot, VI–VIII, 10–20 cm
Potentilla crantzii 'Goldrausch' – Fingerkraut, goldgelb, V–VI, 10 cm
Sedum album und Sorten u. a. – Fetthennearten, weiß, gelb, rot, VI–VII, 10 cm
Veronica incana – Ehrenpreis, blau, Bl. silbrig, VI–VII, 25 cm

Niedrige Arten bis 40 cm

Adonis vernalis – Adonisröschen, leuchtend gelb, IV, 20 cm

Anaphalis triplinervis – Perlkörbchen, weiß, Bl. silbrig, VII–IX, 30 cm
Aster alpinus und Sorten – Alpenaster, blau, rosa, weiß, V–VI, 25 cm
Aster dumosus und Sorten – Kissenaster, viele Farben, IX–X, 20–40 cm
Doronicum orientale und Sorten – Gemswurz, gelb, IV–V, 40 cm
Eriophyllum lanatum – Wüstengoldaster, gelb, VI–VIII, 30 cm
Euphorbia polychroma – Wolfsmilch, gelb, IV–VI, 40 cm
Linum flavum – Goldflachs, gelb, VI–VIII, 20 cm
Origanum laevigatum – Dost, purpurrosa, VIII–X, 40 cm
Pulsatilla vulgaris und Sorten – Küchenschelle, blau, weiß, rot, IV–V, 20 cm

Halbhohe und hohe Arten bis etwa 100 cm

Anthericum ramosum – Ästige Graslilie, weiß, VI–VII, 50 cm
Centhranthus ruber – Spornblume, karminrot, VI–IX, 60 cm
Chrysanthemum x *hortorum* – Gartenchrysantheme, Winteraster, in vielen Sorten, VIII–X, 40–100 cm
Echinops ritro und Sorten – Kugeldistel, blau, VII–IX, 80–100 cm
Eremurus stenophyllus (Syn. *E. bungei*) – Steppenkerze, gelb, VI–VII, 80 cm
Erigeron-Hybriden – Feinstrahl, verschiedene Farben, VI–VIII, 60 cm
Eryngium-Arten und Sorten – Edeldistel, blau-silbrig, VI–VIII, 50–80 cm
Geranium platypetalum – Storchschnabel, violett, VI–VII, 60 cm
Liatris spicata und Sorten – Prachtscharte, violett und weiß, VII–IX, 60 cm
Monarda-Hybriden – Indianernessel, rot und lila, VII–IX, 100 cm
Paeonia tenuifolia – Feinblättrige Pfingstrose, purpurrot, V–VII, 60 cm
Phlomis samia – Brandkraut, goldgelb, VI–VII, 80 cm
Solidago caesia – Goldrute, gelb, IX–X, 60 cm

Für halbschattige Standorte mit feuchten, humosen Böden

Bodendecker

Asarum europaeum – Haselwurz, Blüte unscheinbar, Bl. immergrün, 10 cm
Astilbe chinensis var. *pumila* – Prachtspiere, lilarosa, VIII–IX, 20 cm
Epimedium-Arten – Elfenblume, gelb, rosa, rot, Bl. dekorativ, IV–V, 20 cm
Omphalodes verna – Gedenkemein, blau und weiß, IV–V, 10 cm
Primula juliae – Polsterprimel, purpur, III–IV, 7 cm
Saxifraga x *arendsii*-Sorten – Moossteinbrech, weiß, gelb, rot, IV–V, 15 cm
Saxifraga umbrosa – Porzellanblümchen, weiß, V–VI, 20 cm
Waldsteinia ternata – Waldsteinie, gelb, IV–V, 10 cm

Niedrige Arten bis 40 cm

Adonis amurensis – Adonisröschen, gelb, III–IV, 30 cm
Dodecatheon meadia – Götterblume, lilarosa und weiß, V–VI, 40 cm
Geum-Arten und Sorten – Nelkenwurz, gelb, orange, rot, V–VII, 30 cm
Helleborus niger – Christrose, weiß, XII–III, 25 cm
Lathyrus vernus – Frühlingsplatterbse, rot-blau, III–IV, 30 cm
Polemonium reptans – Jakobsleiter, lasurblau, V–VI, 40 cm
Primula denticulata – Kugelprimel, blau, weiß, rot, III–IV, 30 cm
Saxifraga cortusifolia var. *fortunei* – Steinbrech, weiß, IX–X, 30 cm

Halbhohe und hohe Arten bis etwa 100 cm

Actaea alba – Christophskraut, weiße Früchte, V–VI, 80 cm
Astilben-Arten und Sorten – Prachtspiere, weiß, rosa, rot, viele Sorten, VI–VIII, 60–100 cm
Gillenia trifoliata – Dreiblattspiere, weiß, VI–VII, 80 cm
Heuchera-Hybriden – Purpurglöckchen, rosa, rot, VI–VIII, 50 cm
Meconopsis betonicifolia – Scheinmohn, blau, VI–VIII, 80 cm
Tricyrtis hirta – Krötenlilie, weißlichlila, VIII–X, 50 cm

ZWIEBEL- UND KNOLLENPFLANZEN

Frühjahrsblühende Arten (Februar bis Mai)

Allium karataviense – Blauzungenlauch, lilarosa, 20 cm
Anemone apennina – Apenninenwindröschen, blau, purpur, weiß, 15 cm
Anemone blanda – Strahlenanemone, dunkelblau, 15 cm
Chionodoxa luciliae – Schneeglanz, hellblau-violett, 15 cm
Crocus-Arten und Sorten – Botanische Krokusse, weiß, gelb, blau, violett, 10 cm
Cyclamen coum – Frühlingsalpenveilchen, karminrot, 10 cm
Erythronium-Arten und Sorten – Hundszahn, Forellenlilie, weiß, rosa, gelb, 20 cm
Fritillaria imperialis und Sorten – Kaiserkrone, gelb, orange, rot, 80 cm
Fritillaria persica – Persische Kaiserkrone, dunkelviolett, 80 cm
Galanthus elwesii – Schneeglöckchen, weiß, 20 cm
Iris bucharica – Geweihiris, weiß-gelb, 40 cm
Iris danfordiae – Zwiebeliris, gelb, 15 cm
Iris reticulata – Zwiebeliris, blau, violett, 20 cm
Narcissus cyclamineus 'February Gold' – Alpenveilchennarzisse, gelb, 30 cm
Ornithogalum umbellatum – Milchstern, weiß, 20 cm
Tulipa clusiana – „Damentulpe", karminrosa-weiß, 30 cm
Tulipa kaufmanniana und Sorten, rot, gelb, weiß, 20 cm, und andere Wildtulpen

Sommerblühende Arten (Juni bis September)

Allium flavum – Gelber Lauch, hellgelb, 30 cm
Crocosmia x *crocosmiiflora* und Sorten – Monbretie, gelb, orange, rot, Winterschutz, 60 cm
Galtonia candicans – Sommerhyazinthe, weiß, 120 cm
Gladiolus communis – Gemeine Siegwurz, rosa-violett, 60 cm
Lilium hansonii – Goldtürkenbund, goldgelb, 150 cm
Lilium henryi – Gelber Türkenbund, orangegelb, 180 cm
Lilium regale – Königslilie, weiß, 100 cm
Lilium speciosum und Sorten – Prachtlilie, karminrot, weiß, 100 cm, und andere Lilienarten und Sorten

Herbstblühende Arten (September bis November)

Colchicum bornmülleri u. a. – Herbstzeitlose, violett, weiß, 20 cm
Crocus speciosus und Sorten – Herbstkrokus, blau und weiß, 10 cm
Cyclamen hederifolium – Efeublättriges Alpenveilchen, rosa und weiß, 15 cm

WINTERHARTE ZIERGRÄSER

(Höhenangaben: 1. Zahl Blatthorste, 2. Zahl Blütenstände)

Arten für sonnige Standorte

Achnatherum calamagrostis – Silberährengras, schöne Blütenähren, VII–IX, 50/80 cm
Briza media – Zittergras, herzförmige Blütenährchen, V–VI, 20/40 cm
Carex buchananii – Fuchsrote Segge, rotbraune Halme, VII, 40 cm
Festuca amethystina – Regenbogenschwingel, überhängend, blaugrün, VI–VII, 25/40 cm
Festuca valesiaca 'Glaucantha' – Zwergblauschwingel, VI–VII, 10/15 cm
Hystrix patula – Flaschenbürstengras, eigenartige Blütenstände, VI–VII, 30/60 cm
Koeleria glauca – Schillergras, graugrüne Blatthorste, VI–VII, 15/25 cm
Molinia arundinacea und Sorten – Pfeifengras, Solitär, VIII–X, 50/180 cm
Panicum virgatum und Sorten – Hirse, schöne Blattfärbung, VII–IX, 70/100 cm
Sesleria caerulea – Blaugras, bereifte Blätter, III–V, 10/25 cm
Stipa capillata – Büschelhaargras und andere Arten, interessante Blütenstände, VII–VIII, 30/80 cm
Uniola latifolia – Plattährengras, plattgedrückte Ähren, IX–X, 60/80 cm

Arten für halbschattige Standorte

Carex montana – Bergsegge, dichte überhängende Blatthorste, III–V, 10/20 cm
Carex morrowii 'Variegata' – Japansegge, Bl. immergrün, weißgerandet, III–V, 30/40 cm
Carex ornithopoda 'Variegata' – Vogelfußsegge, weißbunte Horste, IV–V, 15/20 cm
Deschampsia caespitosa und Sorten – Rasenschmiele, feste Blatthorste, überhängende Blütenrispen, VI–VII, 50/120 cm
Luzula nivea – Schneemarbel, weiße Blütenstände, VI–VII, 20/40 cm
Luzula sylvatica und Sorten – Waldmarbel, wintergrüne Blätter, V–VI, 20/40 cm

FREILANDFARNE

Adiantum pedatum – Pfauenradfarn, feinzerteilte Blattwedel, bis 50 cm
Blechnum spicant – Rippenfarn, wintergrüne Wedel, Fruchtwedel bis 40 cm
Cystopteris bulbifera – Bulbenblasenfarn, hellgrüne, schmale Wedel, 40 cm
Dryopteris atrata – Elefantenrüsselfarn, interessanter Austrieb, 60 cm
Dryopteris erythrosora – Rotschleierfarn, im Austrieb rötlich, 80 cm
Polypodium vulgare – Tüpfelfarn, wintergrüne, gelappte Wedel, 20 cm
Polystichum setiferum und Sorten – Schildfarn, wintergrün, 50–80 cm
Thelypteris phegopteris – Buchenfarn, hellgrüne Wedel, wuchernd, 20 cm

SUMPF- UND WASSERPFLANZEN

Acorus calamus – Kalmus, Bl. schwertförmig, VI–VII, 60 cm, WS 10–20 cm
Alisma plantago-aquatica – Froschlöffel, dekorativ, VI–VIII, 70 cm, WS 5–20 cm
Butomus umbellatus – Blumenbinse, rosa, VI–VIII, 80 cm, WS 10–50 cm
Calla palustris – Sumpfcalla, weiß, Bl. herzförmig, VI–VII, 20 cm, WS 0–30 cm
Caltha palustris – Sumpfdotterblume, gelb, IV–V, 25 cm, WS 0–10 cm
Carex pseudocyperus – Schein-Zypergrassegge, Bl. hellgrün, Fruchtstände hängend, VI–VII, 80 cm, WS 5–20 cm
Cyperus longus – Langes Zypergras, dekorativ, VI–VII, 120 cm, WS 10–20 cm
Hippuris vulgaris – Tannenwedel, Bl. tannennadelähnlich, 40 cm, WS 10–40 cm
Nymphoides peltata – Seekanne, gelb, Bl. schwimmend, VI–VIII, 5 cm, WS 20–50 cm
Orontium aquaticum – Goldkeule, gelb, V–VI, 30 cm, WS 5–30 cm
Typha laxmannii – Rohrkolben, rotbraune Kolben, VII–VIII, 150 cm, WS 10–20 cm

SOMMERBLUMEN (EINJAHRESBLUMEN)

Arten, die an Ort und Stelle ausgesät werden

Convolvulus tricolor – Winde, blau-weiß, 40 cm
Eschscholtzia californica – Goldmohn, gelb, bis 50 cm
Godetia grandiflora – Atlasblume, viele Farben, 30 cm
Lavatera trimestris – Bechermalve, weiß, rosa, rot, 80 cm
Nemophila maculata – Hainblume, blau-weiß, 30 cm
Xeranthemum annuum – Papierblume, weiß, rosa, rot, 60 cm

Sommerblumen, die eine entsprechende Vorkultur benötigen

(durch eigene Anzucht im Frühbeet oder als Zukauf beim Gärtner)
Ammobium alatum – Papierknöpfchen, weiß-gelb, 50 cm
Brachyscome multifida – Blaues Gänseblümchen, blau, 25 cm
Browallia speciosa – Browallia, blau-weiß, bis 50 cm
Chrysanthemum carinatum – Wucherblume, gelb, 50 cm
Cleome speciosa – Spinnenpflanze, weiß, rot, violett, 90 cm
Cosmos bipinnatus – Schmuckkörbchen, rosa, rot, weiß, 100 cm
Cuphea ignea – Köcherblümchen, rot, 30 cm
Dimorphoteca pluvialis und *D. sinuata* – Kapkörbchen, weiß bzw. gelb, 30 cm
Gazania rigens und Hybriden – Gazania, viele Farben, 20 cm
Helipterum roseum – Sonnenflügel, viele Farben, 50 cm
Hibiscus trionum – Stundeneibisch, gelb-schwarz, 60 cm
Portulaca grandiflora – Portulakröschen, viele Farben, 15 cm
Salpiglossis sinuata – Trompetenzunge, viele Farben, 80 cm
Sanvitalia procumbens – Husarenknopf, gelb-schwarz, 15 cm
Verbena canadensis – Verbene, purpurlila, 40 cm

EINJÄHRIGE SCHLING- UND KLETTERPFLANZEN

Zur Aussaat an Ort und Stelle

Lathyrus odoratus – Wohlriechende Wicke, viele Sorten und Farben, 2 m
Phaseolus coccineus – Feuerbohne, rot, bis 4 m

Mit Vorkultur in Töpfen

Cobaea scandens – Glockenrebe, violett, bis 6 m
Humulus scandens – Japanischer Hopfen, Blüten wenig auffällig, bis 6 m
Ipomoea tricolor – Prunkwinde, hellblau, bis 3 m
Quamoclit lobata – Sternwinde, rot-gelb, bis 5 m
Thunbergia alata – Schwarzäugige Susanne, gelb-schwarz, bis 1,5 m
Tropaeolum peregrinum – Kapuzinerkresse, gelb, bis 4 m

EINJÄHRIGE ZIERGRÄSER

Agrostis nebulosa – Straußgras, Nebelgras, 40 cm
Briza maxima – Zittergras, 40 cm
Bromus briziformis – Trespe, 30–40 cm
Coix lacryma-jobi – Hiobsträne, 100 cm
Hordeum jubatum – Mähnengerste, bis 60 cm
Lagurus ovatus – Sammetgras, Hasenschwanzgras, 30 cm
Pennisetum setaceum – Federborstengras, 100 cm
Polypogon monspeliensis – Bürstengras, 40 cm
Rhynchelytrum repens (Syn. *Tricholaena repens*) – Haarmantelgras, bis 50 cm
Setaria italica – Kolbenhirse, 80 cm

KÜBELPFLANZEN

(Frostfreie Überwinterung)

Sommergrüne Pflanzen mit Blütenschmuck

Abutilon-Hybriden – Schönmalve, rote und gelbe Sorten
Albizia julibrissin – Seidenbaum, rosa
Cassia didymobotrya – Kerzenstrauch, gelb
Datura-Arten – Engelstrompete, weiß, gelb, rot
Erythrina crista-galli – Korallenstrauch, rot
Lagerstroemia indica und Hybriden – Lagerstroemia, rosa und weiß
Lantana-Camara-Hybriden – Wandelröschen, viele Farben
Leonitis leonurus – Löwenohr, orangegelb
Plumbago auriculata (Syn. *P. capensis*) – Bleiwurz, blau
Punica granatum und Formen – Granatapfelbaum, rot, Fruchtschmuck

Immergrüne Pflanzen mit Blütenschmuck

Callistemon citrinus – Zylinderputzer, rot
Cestrum elegans – Hammerstrauch, rot
Choisya ternata – Orangenblume, weiß, duftend
Cistus x *purpureus* – Zistrose, karminrosa
Citrus limon – Zitrone, Fruchtschmuck
Citrus reticulata – Mandarine, Fruchtschmuck
Citrus sinensis – Orange, Fruchtschmuck
Clianthus puniceus – Ruhmesblume, scharlachrot
Eriobotrya japonica – Wollmispel, Fruchtschmuck
Myrtus communis – Myrte
Photinia x *fraseri* 'Red Robin' – Glanzmispel, weiß
Pittosporum tobira – Klebsame, weiß
Rhaphiolepis umbellata – Rhaphiolepis, weiß, duftend
Rosmarinus officinalis – Rosmarin, blau, aromatisch
Viburnum tinus – Schneeball, „Laurustinus", rosa-weiß

Immergrüne Pflanzen als Blattschmuck

Ceratonia siliqua – Johannisbrotbaum
Chamaerops humilis – Zwergpalme
Euonymus japonicus – Japanischer Spindelstrauch
Griselinia littorialis – Griselinie
Prunus lusitanica – Portugiesische Lorbeerkirsche
Trachycarpus fortunei – Hanfpalme

REGISTER

Acaena-Arten 13
Acantholimon androsaceum 79
Acanthus mollis 110
– spinosus 36
Acer palmatum 30, 74, 80, 105, 125
– platanoides 'Globosum' 100
– saccharinum 17
Actinidia arguta 147
Agave 69, 128, 129
– americana 69
– – 'Marginata' 128
Ageratum 128
Ahorn, Kugel-Spitz- 100
–, Silber- 17
–, Spitz- 100
Ailanthus altissima 17, 42
Ajuga reptans 13, 37
Akanthus 36, 53, 110
Akebia quinata 10
Akelei 54
Alchemilla mollis 53, 136, 147
Alocasia 159
Alyssum saxatile 83, 89, 90
Amelanchier laevis 41
– lamarckii 41
Anemone, Herbst- 83
–, Japanische 75
Anemone-Japonica-Hybride 75, 83
Apfelbaum 56, 127
Aquilegia vulgaris 54
Aristolochia macrophylla 17
Armeria maritima 54, 110
Artemisia absinthium 36, 44
– arborescens 36, 103
– spec. 110
Asparagus densiflorus 'Sprengeri' 152
– sprengeri 152
Aster novibelgii 90
Astilbe 74, 75
Astilboides tabularis 142
Athyrium filix-femina 115
Atlas-Zeder 145
Aucuba japonica 113
Aukube 113
Azalee 53, 100, 125

Bärenklau 114
Ballota pseudodictamnus 59
Bambus 29, 30, 81, 91, 95, 121
Bartnelke 111
Bauerngartenpflanzen 25
Baumhasel 147
Bechermalve 123
Begonia-Semperflorens-Hybriden 97, 125
Begonien 97, 125
Beifuß 110
Beleuchtung 16
Bepflanzung 16
Berberis × ottawensis 108
Berberitze 108
Bergenia cordifolia 37
– spec. 83
Bergenia 37, 83, 131
Bergpalme 131
Betula pendula 60
Bidens spec. 115
Blauglockenbaum 128
Blauschwingel 110, 137
Blaustern 91
Blaustrahlhafer 66
Blühverlauf 22
Blütenstauden, Bodendecker 162, 163
– für halbschattige Standorte mit feuchten, humosen Böden 163
– für sonnige, trockene Standorte 162
–, halbhohe und hohe Arten bis etwa 100 cm 163
–, niedrige Arten bis 40 cm 162, 163
–, winterharte 162
Blutroter Storchschnabel 57
Bodenbeschaffenheit 18
Bodendecker 142
Bohnenkraut 39, 61
Bonsai 127
Brunnera macrophylla 133
Bubiköpfchen 27
Buchsbaum 126, 136, 145, 155
Buddleja davidii 44, 84, 85
Buxus sempervirens 126, 136, 145, 155

Caltha palustris 64
Camellia japonica 138
Campanula carpatica 43
– isophylla 57, 119
– lactiflora 63
Campsis radicans 10
Carex pendula 66, 90
Catalpa bignonioides 148
Ceanothus spec. 122
Cedrus atlantica 'Glauca Pendula' 145
– deodara 159
Chamaecyparis lawsoniana 103, 143
– pisifera 126
– spec. 124
Chiastophyllum oppositifolium 55
Chinesischer Roseneibisch 67
Chrysanthemen 33, 113
Chrysanthemum frutescens 98, 114
Clematis 14, 17, 95, 122, 141
Clematis-Hybride 'Lasurstern' 74
– × jackmanii 52, 130, 134
– – 'Superba' 49
– montana 9, 17, 44, 59, 105, 130
– 'Nelly Moser' 132
– tangutica 17
– vitalba 17
– viticella 36
Clivia 67
– nobilis 64
Cobaea scandens 10
Columnea 65
Cordyline australis 47
Coreopsis 115
Cornus alba 'Sibirica Variegata' 53
Corylus avellana 'Pendula' 108, 111
– colurna 147
Cotinus coggygria 'Rubrifolius' 34
Cotoneaster congestus 157
– dammeri 142
– horizontalis 10
Crocosmia crocosmiflora 68
Cryptomeria japonica 'Vilmoriniana' 135
Cucurbita pepo 124
Cupressus arizonica 'Fastigiata' 10
– cashmeriana 108
Cymbalaria muralis 79, 135
Cyperus spec. 148
Cyrtorium falcatum 83

Dachgarten 14, 154, 156
Deutsche Schwertlilie 74
Dianthus barbatus 111
– carthusianorum 77
– caryophyllus 135
– plumarius 54
Dost 61
Drainage 18
Dryopteris filix-mas 57, 88, 115
Duftgarten 62

Efeu 10, 17, 26, 33, 43, 48, 51, 57, 59, 83, 97, 114, 128, 147
Ehrenpreis 33
Eibe 10, 11, 126
–, Säulen- 36, 37
Eiche 10
–, Turners- 10
Einjährige Ziergräser 165
Einjahresblumen 164
Equisetum hyemale 127
Eranthis hyemalis 144
Erdarbeiten 17
Esche 17
Essigbaum 27, 35, 42, 117
Etagenprimel 105
Eukalyptus 41
Euonymus fortunei 10, 98, 156
Euphorbia characias 72
– – ssp. wulfenii 106

Fächerahorn 30, 74, 80, 105, 125
Fallopia aubertii 17
Falscher Jasmin 56
Farbe 22
Farn 51, 83, 91, 115, 121, 128, 159
Fassadenmaterial 9 f.
Fastnachtsbaum 106
Fatsia japonica 86, 118, 148, 154
Feigenkaktus 144
Felsenbirne 41
Festuca cinerea 110, 137
– glauca 110
Fetthenne 26, 55, 79
–, Riesen- 35, 37, 106
Feuerdorn 11, 17, 39
Fichte, Mähnen- 10
Fingerhut 25, 57
Fingerkraut, Strauch- 57
Fingerstrauch 150
Flachs, Neuseeländischer 26, 69, 81, 105, 148
Fleißiges Lieschen 67, 98, 102
Frauenfarn 115
Frauenmantel 53, 136, 147
Fraxinus excelsior 'Pendula' 17
Freilandfarne 164
Fremontodendron californicum 74
Frühlings-Steinkraut 89
Fuchsie 95, 122, 123
Funkie 47, 57, 70, 90, 103, 105, 115, 128, 157

Gartengrill 11, 35
Gartenschuppen 15
Gartenskulpturen 14
Gefleckte Taubnessel 33
Gehölze 17, 100
–, immergrüne 94
Geißblatt 10, 14, 103
Gelbe Teichrose 87
Gemeiner Wacholder 25
Gemüse 17
Genista lydia 157
Geranien 38, 113
Geranium sanguineum 57
Gewächshaus 15, 34
Gewürzkräuter 39
Ginster 41, 105, 157
Glanzgras 156
Glockenblume 33, 43, 57, 63, 119
Glockenrebe 10
Glyzine 24, 55, 70
Götterbaum 17, 42
Goldregen 54
Grasnelke 54, 63, 110
Grundplan 9
Günsel 13, 37

Hängeampel 152
Hängelobelie 83, 97
Hänge-Segge 66, 90
Hänge-Weide 17, 138
Halbsträucher 161
Hamamelis mollis 100
Hanf, Neuseeländischer 84
Hartriegel 53
Hasel 108, 111
Hebe-Audersonii-Hybride 78
– ockracea 157
Hecken 11
Hedera colchica 43
– helix 10, 17, 59
Heidekraut 13
Heiligenkraut 70
Helichrysum 26
– petiolatum 37, 74
Helictotrichon sempervirens 66
Helleborus lividus 90
Helxine soleirolii 27
Hemerocallis 85, 90
Heracleum mantegazzianum 114
Herbst-Anemone 83
Herbstaster 90
Hibiscus rosa-sinensis 67
Hibiskus 41, 65, 67, 131
–, Roter 64
Higan-Kirsche 106
Himalaya-Zeder 159
Hirschzungenfarn 55, 57
Holunder, Trauben- 17
Holz 12
Hopfen 117
Hortensie 43, 49, 52, 57, 58, 106
–, Kletter- 97
Hosta crispula 70
– fortunei 47
– – 'Aureomarginata' 105
– plantaginea 70
– sieboldiana 90, 115, 128
Humulus lupulus 117
Hydrangea aspera ssp. aspera 52
– macrophylla 106
– petiolaris 10, 97
Hypericum calycinum 58

Iberis sempervirens 57
Igelpolster 79
Immergrün 13
immergrüne Gehölze 94
Iris 74, 141
– germanica 74
Iris–Germanica–Hybriden 157
– pseudacorus 74

Japanische Anemone 75
Jasmin 122
–, Falscher 56
–, Winter- 10
Jasminum nudiflorum 10, 97, 122
Johanniskraut 58
Jungfernrebe 9, 17, 78, 114, 147
Juniperus chinensis 86
– communis 25, 135

Kamelie 138
Kamille 33
Kanal 13, 68
Kapuzinerkresse 86
Karthäusernelke 77
Kaukasusvergißmeinnicht 133
Keulenlilie 47
Kiefer 125
Kies 12, 29, 143
Kirsche, Higan- 106
–, Lorbeer- 30, 44, 47
Kirschlorbeer 11
Klatschmohn 26
Klee 75
Kletterhilfen 95
Kletterhortensie 10, 97
Kletterpflanzen 9, 10, 14, 16, 68, 129
Kletterrebe 74
Kletterrose 55, 62, 70, 140
Kletterspindelstrauch 10
Knöterich, Schlangen- 156
–, Schling- 17
Königskerze 138
Kokospalme 148
Korallenbäumchen 78
Korallenbeere 57
Kreta-Nessel 59
Kreuzkraut 36, 37, 44, 63, 70
Kriech-Weiden 25
Kübelpflanzen 159, 165
–, immergrüne Pflanzen als Blattschmuck 165
–, immergrüne Pflanzen mit Blütenschmuck 165
–, sommergrüne Pflanzen mit Blütenschmuck 165
Kürbispflanze 124
Kugel-Spitz-Ahorn 100

Laburnum anagyroides 54
Laichkraut 64
Lamium maculatum 33
Laubgehölze 160
–, Bodendecker 161
–, Hängeformen 161
–, Säulenformen 161
Laurus nobilis 94
Lavandula angustifolia 111, 136
Lavendel 25, 51, 111, 136, 138
Lavendelheide 135
Lawsons Scheinzypresse 143
Leberbalsam 128
Lemna minor 57

Ligularia spec. 148
Ligularie 65, 148
Liguster 155
Ligustrum ovalifolium 155
Lobelie 33, 123, 155
–, Hänge- 83, 97
Lonicera 14
– × brownii 10
– × heckrottii 10
– japonica 10
Lorbeer 94, 95
Lorbeer-Kirsche 30, 44, 47
Lupinen 25

Mädchenauge 115
Mähnen-Fichte 10
Magnolia soulangeana 74
– × soulangana 144
– stellata 144
Magnolie 74, 144
Mahonia bealei 72, 93
– japonica 72
– nervosa 64
Mahonie 64, 65, 72, 93
Malus floribunda 41, 92
Mauerleinkraut 135
Mauern 9 f.
Mauerpfeffer 26
Medizinalrhabarber 121
Mentha pulegium 135
Miniteich 13
Minze, Polei- 135
Miscanthus sinensis 51, 132, 147
Montbretie 68

Nadelgehölze 162
–, Bodendecker 162
–, Hängeformen 162
–, höhere Arten von 5–8 (10) m 162
–, mittelhohe Arten bis etwa 3 m 162
–, niedrige, langsamwachsende Arten von 1–2 m 162
–, Säulenformen 162
–, Zwergformen 162
Naturgarten 60
Nelke 135
Nerium oleander 114
Nertera granadensis 57
Nessel, Kreta- 59
Neuseeländischer Flachs 26, 69, 81, 105, 148
– Hanf 84
Nicotiana alata 40, 53, 76, 98, 106, 113, 138
Nieswurz 90
Nothofagus antarctica 10
Nuphar lutea 87
Nymphaea-Hybride 'Froebeli' 79
– tetragona 123
Nymphaea Marliacea-Sorten 76

Obst 17
Oleander 114
Opuntia phaeacantha 144

Paeonie 63, 95
Palisaden-Wolfsmilch 72, 106
Palmlilie 107, 128
Pappel, Schwarz- 32
Papyrus 66
Parkrose 70
Parthenocissus henryana 78
– quinquefolia 17
– – var. engelmanii 78
– tricuspidata 17
– – 'Veitchii' 9
Passiflora caerulea 155
Passionsblume 155
Paulownia tomentosa 128
Pelargonie 38, 113, 123
Pennisetum orientale 65, 66
Pergolen 13
Perovskia atriplicifolia 36
Perückenstrauch 34, 68
Petunie 57, 74, 106, 113
Pfaffenhütchen 98, 156
Pfeifenwinde 17
Pfeilkraut 64, 65, 102
Pfingstrosen 63, 95
Pflanzenvorschläge 160
Pflanzgefäße 14
Pflaster 11
Pflegeaufwand 22
Phalaris arundinacea 'Picta' 156
Philadelphus coronarius 56
Phormium tenax 26, 69, 84, 105, 148
Phyllitis scolopendrium 57
Picea breweriana 10
– glauca 'Conica' 94
Pieris japonica 'Variegata' 135
Planung 8 f.
Polei-Minze 135
Polsterpflanzen 25
Polygonum aubertii 17
– bistorta 156
Polystichum setiferum 128
Populus nigra 32
Potentilla fruticosa 150
Primula japonica 105
Prunus avium 'Plena' 154
– fenzliana 106
– laurocerasus 47
– subhirtella 'Autumnalis' 106
Pyracantha coccinea 17, 39
Pyrus salicifolia 140

Quercus × turneri 'Pseudoturneri' 10

Rasen 12
Raumillusionen 14
Rhabarber 26
Rheum palmatum 26, 121
Rhododendron 100, 142
– luteum 100
– yakushimanum 142
Rhus typhina 42, 117
Riesen-Fetthenne 35, 37, 106
Rindenschrot 12
Robinia pseudoacacia 32, 60
– – 'Frisia' 129
Robinie 60, 129
Röhricht 87
Röhrichtpflanzen 66, 87
Rohrkolben 66
Romneya coulteri 63
Rose 140
–, Kletterrose 161
–, niedrige Sorten 161
–, Strauchrosen 161
Roseneibisch, Chinesischer 67
Rosmarin 36, 39, 94
Rosmarinus officinalis 94
Rotbuche 11
Roter Hibiskus 64
Rudbeckia 130
Ruta graveolens 53, 59, 83

Säckelblume 122
Säulen-Eibe 36, 37
Säulenwacholder 128, 135
Sagittaria sagittifolia 64, 65, 102
Salbei 36, 39, 61, 106
Salix alba 'Tristis' 17, 106, 138
– retusa 25
– × simulatrix 25
Salvia officinalis 'Purpurascens' 106
Salvinia natans 84
Sambucus racemosa 17
Santolina chamaecyparissus 70
Sawara-Scheinzypresse 126
Saxifraga spec. 79
Schachtelhalm 127
schattenliebende Pflanzenarten 97
Schefflera 80
Scheinakazie 32
Scheinbuche 10
Scheinzypresse 103, 124
–, Lawsons 143
–, Sawara- 126
Schilf 66
Schlangen-Knöterich 156
Schlehe 11
Schleierkraut 63
Schleifenblume 57
Schling-Knöterich 17
Schlingpflanzen 165
Schmetterlingsstrauch 84, 85
Schneeball 54
Schwarz-Pappel 32
Schwertlilie 53, 59, 74, 141, 157
–, Deutsche 74
Schwimmbecken 80
Schwimmblattpflanzen 64, 87
Schwimmfarn 84
Scilla hispanica 91
Sedum spathulifolium 79
– spectabile 35, 37, 106
Seebinse 66
Seerose 64, 76, 79
Seerosenteich 134
Segge, Hänge- 66, 90
Senecio 26, 44
– greyi 36, 37, 70
Sicheltanne 135
Silber-Ahorn 17
Silberstrauch 36
Sinarundinaria murielae 95
Sitzgelegenheiten 16
Sitzmöbel 98
Sitzplätze 94
Solanum capsicastrum 78
Soleirolia soleirolii 27
Sommerblumen 164
Sommerflieder 44
Sonnenhut 130
Spalier 13, 40, 96, 120
Spiegel 82, 122
Spiraea × arguta 157
Spiräe 157
Spitz-Ahorn 100
Springbrunnen 102, 134
Stachelnüßchen 13
Stachys byzantina 37, 107
Stechpalme 44
Steinbrech 55, 79, 135
Steingarten 79
Steinkraut 63, 83, 89, 90
–, Frühlings- 89
Stellaria media 33
Sternjasmin 152
Sternmagnolie 144
Stiefmütterchen 39
Stockrosen 25
Storaxbaum 131
Storchschnabel 57, 91
–, Blutroter 57
Sträucher mit einer Wuchshöhe von 2–5 m 160
– mit einer Wuchshöhe von 1–2 m 160
– mit einer Wuchshöhe von 1 m 160
Strahlengriffel 147
Strauchbeifuß 36, 103
Strauch-Fingerkraut 57
Strauchmargerite 98, 114
Strauchmohn 63
Strauchveronika 78, 157
Strohblume 37, 74
Styrax japonica 131
Sumpfpflanzen 164
Sumpfdotterblume 64, 65

Taglilien 85, 90
Tamariske 41
Taubnessel, Gefleckte 33
Taxus baccata 10, 126
– – 'Fastigiata' 36, 37
Teichrose 123
–, Gelbe 87
Terracotta-Gefäße 78
Terrasse 11
Thymian 13, 25, 39, 61
Thymus serpyllum 13, 25
Trachelospermum jasminoides 152
Tradescantia 75
– zebrina 119
Tradeskantie, Zebra- 119
Trauben-Holunder 17
Trauerweide 106
Trockenmauern 105
Trompetenbaum 148
Trompetenblume 10
Tulpe 64, 133
Turners-Eiche 10

Umgrenzungen 9 f.

Verbascum densiflorum 138
Veronica persica 33
Viburnum spec. 54
Vinca minor 13
Vitis coignetiae 128, 148
– vinifera 117, 122, 158
Vogelfutterhaus 151
Vogelmiere 33

Wacholder 86
–, Gemeiner 25
Walddickblatt 55
Waldrebe 9, 44, 49, 52, 59, 122, 130, 132, 141
Wasser 13, 30, 44, 46, 56, 64, 68, 70, 72, 74, 76, 82, 84, 86, 96, 102, 104, 120, 134, 136, 152, 156
Wasserlinse 57, 85
Wasserpflanzen 87, 164
Wegbefestigung 11
Wege 9, 11
Weide, Hänge- 17, 138
–, Kriech- 25
Weigelie 138
Wein 117, 128, 148, 158
Weinraute 53, 59, 83
Weinrebe 122
Weißbirke 60
Weißbuche 11
Weißdorn 11
Wermut 36, 44, 61
Wildgarten 60
Windschutz 18
Winterharte Blütenstauden 162
– Ziergräser 164
– – für halbschattige Standorte 164
– – für sonnige Standorte 164
Winter-Jasmin 10, 97
Winterling 144
Wisteria sinensis 24, 70
Wolfsmilch, Palisaden- 72, 106
Wolliger Ziest 107
Woll-Ziest 37
Wurmfarn 57, 88, 115

Yucca 33, 80
– filamentosa 33
– – 'Variegata' 128
– spec. 107

Zäune 9 f.
Zantedeschia 76
– aethiopica 77
Zaubernuß 100
Zebra-Tradeskantie 119
Zebrina pendula 119
Zeder, Atlas- 145
–, Himalaya- 159
Zierapfel 41, 92
Zierbirne 140
Ziergräser, einjährige 165
–, winterharte 164
Ziergras 51, 65, 132, 147
Zierkirsche 154
Zierspargel 152
Ziertabak 40, 53, 76, 98, 106, 113, 138
Ziest, Woll- 37
–, Wolliger 107
Zimbelkraut 79
Zimmeraralie 86, 118, 148, 154
Zitronenmelisse 61
Zuckerhutfichte 94
Zweizahn 115
Zwergkiefer 142
Zwergkoniferen 44
Zwergmispel 10, 142, 157
Zwergthymian 75
Zwergwacholder 55
Zwiebelpflanzen 133
Zwiebel- und Knollenpflanzen 163
–, frühjahrsblühende Arten 163
–, herbstblühende Arten 163
–, sommerblühende Arten 163
Zyperngras 148
Zypresse 10, 108

BILDNACHWEIS

Abkürzungen: O = Oben, U = Unten, M = Mitte, L = Links, R = Rechts.

Titelseiten: Linda Burgess
Inhaltsverzeichnis: Cynthia Woodyard, Oehme, van Sweden & Associates, Inc., Linda Burgess, Heather Angel, John Heseltine, Jerry Harpur, Marion Pedder

8: Linda Burgess
9O: Jerry Harpur/Marion Pedder
9U: Linda Burgess
10O/U: Linda Burgess
11O: S. & O. Mathews/Martin Furniss's garden at Cobblers
11U: Henk Dijkman/The Garden Picture Library/Henk Weijers
12O: Ron Sutherland/ The Garden Picture Library
12U: Liz Gibbons/Natural Image
13O: John Glover
13U: Henk Dijkman/The Garden Picture Library/Henk Weijers
15OL: Ron Sutherland/The Garden Picture Library
15UL: Linda Burgess
15OR: David H. Russell/Myles Challis
15MR: Uli Butz
15UR: John Heseltine
16: Linda Burgess
17: Oehme, van Sweden & Associates, Inc.
19: John Neubauer/Oehme, van Sweden & Associates, Inc.
23: Ron Sutherland/The Garden Picture Library
26L: Oehme, van Sweden & Associates, Inc.
28R, 29L/R, 30, 31OL/UL/R: Jacqui Hurst
32R/OL, 33OR/UR: John Heseltine
35L/R: Liz Gibbons/Natural Image
36L, 37LR: The Harry Smith Horticultural Photo Collection
39: Nicky Gibbs
40R, 41: Jerry Harpur/John Vellam
43OL/OR/U: Jerry Harpur/Derek Nimmo
45L/R: Clifton Nurseries/Clive Corless/Victor Shanley
47, 48UL/R, 49: Jerry Harpur/Mackenzie Bell
51L/R: Ianthe Ruthven
52L/53: Tania Midgley
54R, 55L/OR/UR: Heather Angel/Private garden, Wales
56L, 57L/OR/UR: Tania Midgley
58L, 59OR/UR: John Heseltine
60R, 61: Bob Gibbons
62L, 63L/R: Tania Midgley
64R, 65, 66L/R, 67L/R: John Neubauer
69L/OR/UR: Jerry Harpur/Victor Shanley
70L, 71: Harry Smith Horticultural Photo. Collection
72R, 73L/R: Jerry Harpur/Brophy, St Albans
75L/R: Kenneth Scowen
76, 77L/R, 78L, 79: John Heseltine
80OR/UR, 81: Ron Sutherland/The Garden Picture Library
82L, 83L/R: Cynthia Woodyard
85OL/OR/U: John Heseltine
86UL, 87: Jerry Harpur/Peter Rogers
88R, 89, 90R/OR/UR, 91: Margaret Turner/Garden and Landscape Pictures
92R: John Neubauer/Oehme, van Sweden and Associates, Inc.
93L: Oehme, van Sweden & Assoc, Inc.
93R: John Neubauer/Oehme, van Sweden and Associates, Inc.
94R, 95OL/UL/R: Jerry Harpur/Hillier and Hilton
97L/R, 98U, 99L/R: John Heseltine
101: Harry Smith Horticultural Photo Collection
102R: John Heseltine
103: Heather Angel
105OL/OR/U: Jerry Harpur/Rodney Slatford
109, 110OL/UL/R, 111: Cynthia Woodyard
112L, 113R: Nicky Gibbs
114R, 115L/R: John Neubauer/Oehme, van Sweden and Associates, Inc.
117OL/UL/R: Jerry Harpur/Geoff Kaye
118UR, 119L/R: Michelle Garrett
121L/R: Harry Smith Horticultural Photo. Collection
122U, 123L/R: Tania Midgley
124R, 125, 126, 127L/R: Cynthia Woodyard
129L/OR/UR: Jerry Harpur/Michael Blood
130L: Oehme, van Sweden & Associates, Inc.
131, 132L: John Neubauer/Oehme, van Sweden & Associates, Inc.
132: Oehme, van Sweden & Associates, Inc.
133: John Neubauer/Oehme, van Sweden & Associates, Inc.
134R, 135L/OR/UR: Heather Angel/Freda and Joe Brown, Leeds, Yorks.
136, 137: Marianne Majerus/Caroline Boisset, George Carter, Raf Fulcher, Elizabeth Tate
139, 140L/R, 141L/R: Ianthe Ruthven/Arabella Lennox-Boyd
142OR/UR, 143, 144OL/OR/U, 145: Cynthia Woodyard
147: Henk Dijkman/The Garden Picture Library/Anthony Paul
148L/R, 149: Ron Sutherland/The Garden Picture Library/Anthony Paul
150OR/UR, 151: Linda Burgess
152R, 153: Ron Sutherland/The Garden Picture Library
154: Ron Sutherland/The Garden Picture Library/Anthony Paul & John Duane
155: Ron Sutherland/The Garden Picture Library/Anthony Paul
156OR: Steve Wooster/The Garden Picture Library/Merrist Wood Agric. College, Chelsea Flower Show 1987
156UR, 157: Steve Wooster/The Garden Picture Library
158U, 159: Ron Sutherland/The Garden Picture Library